KB184719

세상을
한눈에 보는 지도책

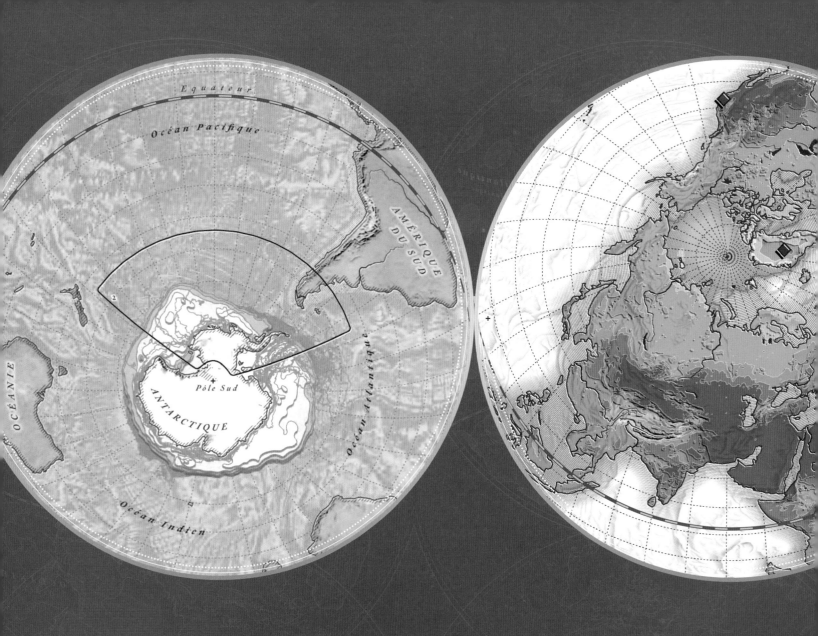

ORIGINALLY PUBLISHED IN FRANCE AS:
MAPPEMONDES. UN VOYAGE DANS LE TEMPS POUR RACONTER LE MONDE CONTEMPORAIN
BY XEMARTIN LABORDE, DELPHINE PAPIN AND FRANCESCA FATTORI
© ARMAND COLIN, 2023, MALAKOFF

ARMAND COLIN IS A TRADEMARK OF DUNOD ÉDITEUR – 11, RUE PAUL BERT - 92240 MALAKOFF

ALL RIGHTS RESERVED.

KOREAN TRANSLATION RIGHTS © DASAN BOOKS, 2025
CURRENT KOREAN LANGUAGE TRANSLATION RIGHTS ARRANGED WITH DUNOD ÉDITEUR THROUGH AMO AGENCY,
REPUBLIC OF KOREA.

이 책의 한국어판 저작권은 AMO 에이전시를 통해 저작권자와 독점 계약한 다산북스에 있습니다.
저작권법에 의해 한국 내에서 보호를 받는 저작물이므로 무단 전재와 무단 복제를 금합니다.

세상을 한눈에 보는 지도책

세마르탱 라보르드·델핀 파팽·프란체스카 파토리 지음 | **양영란** 옮김 | **박경** 감수

MAPPEMONDES

다섯수레

한국의 독자들에게

『세상을 한눈에 보는 지도책』은 내게 어린 시절 꿈과의 만남이자 어느 날 예고 없이 찾아온 프로젝트입니다. 아주 어렸을 때부터 엄마와 같이 일기예보를 보면서, 또 산악 트래킹에 나서는 아버지가 애용하는 피레네 지형 지도들을 보면서 지도라는 것에 열정적으로 사로잡혔습니다. 성탄절이 되면 지도책을 선물 받곤 했는데 그렇게 하나씩 지도책을 늘려가다 보니 어느새 제법 그럴듯한 컬렉션을 갖추기에 이르렀죠.

지도는 예술과 과학의 접점에 있다는 점이 늘 나를 매료시켰습니다. 온갖 곡선들이 넘실대며 원색으로 채워진 평면 위의 지도, 그 지도의 선들은 요긴한 지식을 전해주어 교육적으로도 훌륭했습니다. 어떤 투영법을 사용하는지에 따라 다양하고 놀라운 모습을 보여주는 것 또한 지도의 매력이었습니다.

어렸을 땐 3차원적인 최신 지도들이 나를 사로잡았지만 지금까지도 큰 영감을 준 것은 중세의 해도나 오래된 지도책에서 볼 수 있는 옛날 지도들이었습니다. 학교 교실 벽을 장식하던 고전적인 지도나 파리 몽마르트르 부근 생투앙 벼룩시장에서 파는 지리책을 보면 더 혹했으니까요. 그러니 내가 지도 제작자가 되어《르몽드》신문사에서 날마다 지도를 그리는 일을 하고 지도 전문 출판사와 계속 일하는 건 운명일 것입니다.

2022년, 30DayMapChallenge 공고 소식을 접한 건 바스크 지방에 갔다가 파리로 돌아오는 기차 안에서였습니다. 이 행사는 전 세계 지도 제작자들을 대상으로 11월 한 달 동안 주어진 지시 사항을 준수해 가며 하루 하나씩 지도를 만들도록 독려하는 프로젝트입니다. 이를테면 하루는 빨간색만, 그다음 날은 파란색만 사용해 지도를 만들어야 한다는 미션이 주어집니다. 영점값을 제시하거나 숲, 국경, 움직임 등을 집어넣거나 빼야 한다는 식의 제약을 따라야 하기도 합니다. 이 행사에서 영감을 얻어 나는 이 도전에 시각적 제한 사항을 하나 더 추가하면 좋겠다고 생각했습니다. 많은 집 다락에 처박혀 있을, 옛날 지도책에 등장하는 해묵은 반구 세계지도를 활용해 보자는 아이디어가 떠오른 것입니다. 어쩌면 시대착오적이라 할 수 있을 옛날식 지도에 가장 최신 자료에 기반한 데이터를 그려 넣어 오늘날을 살아가는 독자들에게 지금 시대의 이슈를 일깨워주는 건 어떨까 하는 생각이 든 것이죠.

프랑스 사람들은 지도를 무척 사랑합니다. 프랑스의 서점과 도서관엔 다양한 지도책이 즐비합니다. 오로지 지도만을 통해서 지정학적 이슈를 살펴보는 TV 프로그램이 있을 정도니까요. 나는 한국의 독자들이 지도를 통해서 나날이 심각해지는 기후 위기, 벼랑 끝에 놓인 생물다양성, 지역에 따른 자유와 민주주의의 위기 같은 문제의 중요성을 인식했으면 좋겠습니다. 함께 위기감을 공유하게 된다면 더할 나위 없이 기쁠 것 같아요. 물론 나처럼 지도 그 자체의 아름다움과 지도만이 가지는 정보를 종합하고 전달하는 방식에 경이로움을 느낀다면 금상첨화일 테죠.

한국은 5000만이 넘는 인구, 안달루시아나 칼라브리아와 같은 위도, 온대성 기후, 수천 년의 유구한 역사, 중국과 일본 사이에 놓여 여러 해상로가 만나는 중심이 되는 전략적 위치에 있다는 점 등 여러 면에서 프랑스와 비슷한 점이 많습니다. 특히 한국은 동아시아의 중심이라는 지정학적 위치 덕분에 세계 역동성에 지대한 역할을 합니다. 또한 한국은 프랑스를 비롯한 유럽 여러 나라들과 마찬가지로 경제 성장을 추구하면서 저탄소 경제 달성이라는 도전에 직면한 산업국이기도 합니다. 한국과 프랑스는 두 나라 모두 지나치게 화석연료에 의존하고 있으며, 다량의 온실가스를 배출하고 있다는 점에서 지구 온도를 끌어올리는 데 일조하고 있습니다. 삼면이 바다로 둘러싸인 반도라는 입지 때문에 한국은 다른 나라들에 비해 대양의 플라스틱 오염과 그로 인한 해양 생물다양성 저해에 영향을 많이 받는 나라이기도 합니다. 해안의 부식과 대양의 해수면 상승이 가져오는 위협 또한 최일선에서 받습니다. 매우 높은 도시화율과 더불어 인간의 생태계 침범으로 서식지가 줄어든 동식물종의 다수가 사라져가는 현상을 겪고 있다는 점 또한 서유럽의 여느 나라들과 별반 다르지 않습니다.

한국 독자들이 반구 세계지도와 함께하는 모험을 통해서 가깝게는 자국 내에서의 문제를 이해하고, 한발 더 나아가 국경 너머의 세상까지도 바라보는 창을 열게 되기를 소망합니다. 남과 북 사이에 군사분계선이 그어진 비극으로 상징되는 한국의 현대사는 우리 두 나라가 국경 분쟁에도 관심을 가져야 함을 보여줍니다.

1945년 창간 당시부터 지도에 큰 비중을 두어온 《르몽드》에서 일하는 지도 제작자로서 나는 지도가 세상을 바라보는 독창적인 관점을 제시할 수 있다는 사실을 많은 독자가 알게 되길 바랍니다. 지도는 텍스트만으로는 온전히 다 파악할 수 없는 세계를 보여주기 때문입니다.

그런데 왜 하필 지금 이 시점에 케케묵은 반구 세계지도를 다시 꺼내 들었냐고요? 과거의 지도책들은 다양한 종류의 투영법을 활용해 지도를 만들었습니다. 하지만 오늘날 지도책의 활용도는 구글맵에 밀리고 있습니다. 구글맵은 오로지 메르카토르 투영법만 사용하는데 한 가지 투영법만 사용하는 것은 세계를 재현하는 방식이 빈곤해지고 있다는 말과 같습니다. 더욱이 지도를 그리는 데 다양한 투영법이 있다는 사실을 잊어버리도록 만듭니다. 나는 지구가 둥글다는 사실을 환기해 주는 동시에, 지구본과 달리 지구의 어느 한 면도 감추지 않고 동시에 보여주는 두 개의 원으로 그린 반구 세계지도에 큰 매력이 있다고 생각합니다. 한국 독자들도 보게 될 테지만, 반구 세계지도는 자주 각도를 바꿉니다. 유럽에 초점을 두는가 하면 아시아로 초점을 옮기기도 하고, 남극이나 태평양이 지도의 중심이 되기도 하는데 마치 하나의 축을 중심으로 회전하는 지구본을 돌리는 기분이 들기도 하죠. 또한 반구 세계지도를 부활시키는 건 곧 지난 세기 초 제판과 채색 기술의 발전으로 쏟아져 나왔던 근사한 그림 위주의 책들이 보여주는 미학을 되살리는 일이기도 합니다.

부디 이 책이 한국 독자들에게 세계를 향한 새로운 관점을 열어주기를 바랍니다. 그리고 한국과 나아가 온 지구를 위해 보다 지속 가능하고 공정한 미래를 만들어갈 수단에 대해 성찰하는 기회가 되기를 기대합니다.

오늘날 반구 세계지도가 웬 말?

반구 세계지도(Mappemonde, 여성명사,\map.mɔ̃d\): 라틴어, 'mappa mundi' 에서 파생, 지구본을 두 개의 반구로 나눠서 평면으로 그린 지도.

'반구 세계지도mappemonde'는 우리가 할아버지나 할머니의 다락에서 봤던 책으로 여러 권의 『세계백과사전Encyclopaedia Universalis』, 플레이아드Pléiade 총서 사이에 있던 근사한 책이었다. '반구 세계지도'는 1894년에 출간된 폴 비달 드 라 블라슈Paul Vidal de la Blache의 『일반 지도책Atlas général』과 같은 종류의 책을 말하는데, 그 안엔 각종 비교표와 지역을 기술하고 설명하는 지지地誌, 고도 측정치 등이 빼곡하게 들어 있었다. 이런 지도책은 자연지리와 인문지리를 구별하던 시대가 낳은 결과물이었다. 지리학자들이 풍부한 도표며 축척, 지명 등을 적어 넣음으로써 엄청난 양의 정보를 제공해 준 지도들, 여러 세대에 걸쳐서 정보의 원천 역할을 해온 이런 유형의 책들은 이제 자취를 감춰버렸다. 오늘날의 지도 분야에선 새로운 장르, 흔히 단일 주제를 다루며 보다 현대적이라고 할 수 있는 유형의 지도가 그 자리를 이어받았다.

그런데 오늘날 우리가 사는 세계를 설명하기 위해 그 보물같이 아름다운 지도를 다시 활용할 수는 없는 걸까? 독자에게 지도 본연의 모습을 보여주는, 다시 말해서 지도가 한 페이지의 중심을 차지함으로써 글로 된 설명을 압도하고, 다루는 주제가 무엇이든 동일한 축척과 동일한 크기를 가진 지도들을 모아놓은 지도책이 우리 시대에는 정말 필요하지 않은 걸까? 부록에 실어놓은 풍성한 도표 덕분에 지금 우리가 관심을 가져야 할 분야를 보는 관점을 조정하게 해주는 지도책, 우리에게 익숙한 정돈되고 구조적인 레이아웃을 통해서 혼란스러우며 항시적으로 변하는 세계를 명쾌하게 이해하는 데 도움을 주는 그런 지도책이 그립지는 않은가?

과거의 보석함을 통해서 현재를 보여주기. 이 말 한마디에 이 지도책이 추구하는 미학적이고 과학적인 의도가 오롯이 담겨 있다.

우리의 다락에 방치되어 있는 낡은 지도책 속의 반구 세계지도들이 지닌 치명적인 매력과 시적 정취(군더더기 없는 조판에서부터 손으로 새긴 조각 같은 형태의 제목들, 지표의 기복을 나타내는 가는 선들과 명암, 2도 인쇄, 당초무늬, 위도와 경도가 바둑판 무늬처럼 새겨진 지침판, 한 장이라는 단위, 요즘 버전으로 재해석되고 있는 가장자리 장식을 비롯한 다른 시각적 요소들에 이르기까지 이 모든 디테일은 한 편의 시를 빚어낸다), 당시의 미흡한 채색 석판화 기술이 낳은 불완전한 인쇄 효과, 그러니까 원래의 뼈대와 윤곽선과 평면이 딱 들어맞지 않고 흔들린 것처럼 약간씩 어긋나게 되는 결과까지도 남김없이 재현해 보자는 이 유별난 아이디어는 2022년 11월 지도 제작 분야에서 시도된 하나의 독특한 도전(대조와 시대 착오성, 놀라움을 충분히 활용하자는 목적으로 기획된 도전)에서 비롯되었다.

나는 여러 해째 트위터에서 #30DayMapChallenge를 팔로우하고 있다. 핀란드 출신의 한 지도 제작자가 시작한 이 챌린지는 혁신과 창의성을 결합하는 데 주안점을 두고 있다. 매년 10월에 전 세계 일러스트레이터 커뮤니티가 참여하는 챌린지인 잉크토버Inktober와 비슷하다고 보면 된다. 사실 한 번도 그 챌린지에 참여해 본 적은 없지만 내 머릿속엔 일반 그림이 아닌 지도를 가지고도 도전할 수 있겠다는 생각이 떠올랐다. 그날그날 주어지는 주제에 따라 지도에 일상의 옷을 입혀보는 것이다. 아주 어렸을 때부터 지도책을 보면서 반구 세계지도를 향한 애정을 키웠고, 정사도법·평사도법·방위도법 등에 대한 나만의 취향을 만들며 이런 결정을 내릴 수 있었다. 내가 관여하는 책에 쓰일 지도가 되었든, 일간지 《르몽드》에 실릴 지도가 되었든, 지도의 스타일에 다양한 변주를 주기 위해 날이면 날마다 그래픽적 영감을 찾아다니는 과정에서 떠오른 생각이었다. 이런 시각적인 연구는 데이비드 럼지David Rumsey의 웹사이트나 갈리카

Gallica 같은 디지털 도서관의 검색을 통해서 심화되었다. 여기에서는 지난 세기 초부터 발행된 수많은 지도책들을 도판별로 집대성하여 보여준다.

나의 #30DayMapChallenge 도전은 《르몽드》 신문사에서의 그래픽 디자인 작업과 함께 이루어졌다. 전날 콘셉트를 정한 뒤 다음 날 반구 세계지도를 완성하는 살인적인 스케줄이 한 달 내내 지속되었다. 일종의 지도 그리기 마라톤이랄까. 그러다 보면 때로는 몇몇 주제에 관한 데이터(지오레퍼런싱 데이터일 수도 있고, 최신 데이터일 수도 있다)를 찾느라 애를 먹었으며, 날마다 독창적인 지도를 만들어야 한다는 중압감에 시달렸다. 무조건 '하루에 지도 한 장'이라는 리듬을 지켜야 한다는 스트레스도 만만치 않았다. 이때 오픈데이터의 중요성은 아무리 강조해도 지나치지 않다. 이런 종류의 지도 제작 모험에서 기대할 수 있는 모든 가능한 형태를 보여주기 때문이다.

그래픽 검색: 창작 과정에서 매우 중요한 단계다. 각종 그래픽 검색은 물론이고 핀터레스트, 인스타그램, 비핸스, 트위터 같은 곳에서 찾아낸, 영감을 주는 시각적 요소(투영도·활자·시각적 변수·그래픽 도표·천체·스타일 등)를 수집하는 이 단계는 머릿속에 있는 계획을 성찰하고 영감을 얻는 데 필요한 자료 조사 단계에 해당된다. '반구 세계지도'라는 모험을 위한 그래픽 검색 작업은 데이비드 럼지의 보고도 믿기 어려운 경이로운 웹사이트에서 출발했다. 이 웹사이트는 20세기에 작성된 지도책들을 모아둔 곳으로 퍼가몬 월드 아틀라스Pergamon World Atlas, 에두아르트 임호프 아틀라스Eduard Imhof Atlas, 에드워드 스탠퍼드 아틀라스Edward Stanford Atlas, 아나톨리 니콜라예비치 아틀라스Anatolij Nikolaevici Atlas, 존 클리마 아틀라스John Klima Atlas, 미디어 아트 아틀라스 등이 망라되어 있다. 그 외에도 나는 인스타그램이나 비핸스 등을 통해 다니엘 허프먼Daniel Huffman, 로런 티어니Lauren Tierney, 로랑 공티에Laurent Gontier, 카테트Cattette, 톰 패터슨Tom Patterson, 로즈메리 워들리Rosemary Wardley 같은 현대 지도 제작자들의 활동을 주시함으로써 풍부한 영감을 얻었다. 또한 메리 스롭Mary Throp, 하인리히 베란Heinrich Berann, 어윈 레이스Erwin Raisz, 로베르 샤팽Robert Chapin, 리처드 에즈 해리슨Richard Edes Harrison

같은 과거의 지도 제작자들에게서도 영감을 얻었다.

데이터 검색: 30일에 걸친 이러한 지도 제작 모험에는 독창적인 아이디어를 가지고 있어야 한다는 점 외에도 적절하고, 정확하며, 신뢰도 높은 최신 데이터를 찾아내야 한다는 어려움이 따랐다. 다행히 매일 지정학 박사 학위 논문을 준비하느라 자료 찾기에는 이력이 난 지리학자들과 가까이 지내왔고, (신문의) 지정학 지면을 위한 다양한 형태의 지도 작성에도 참여하다 보니 지도 작성과 관련된 과학적인 정보에 접근하는 일은 수월했다.

지도 투영법의 선택: 이 도전에 나서면서 초기에 내가 스스로에게 던진 질문이 있는데, 바로 도전이 진행되는 30일 동안 축이 항상 같아야 하는지의 문제였다. 결국 나는 단조로움을 피하기 위해 주제에 따라 투영의 중심축을 이동시키기로 결정했다. 또한 도전 기간 동안 방위도법(지구상의 한 점에 접하는 투영법으로서 투영에 사용된 가상 지구본을 평면에 직접 투영한 투영법)·평사도법(지구의 둥그런 성질을 강조하는 투영법)·정사도법(마치 지구 동기 위성에서 관찰한 것처럼 지구의 둥근 형태를 정확하게 옮기는 투영법), 이렇게 세 가지 유형의 투영법을 쓰기로 선택했다. 투영법의 선택은 미국 항공우주국NASA이 개발한 지도 제작용 무료 소프트웨어 'G프로젝터' 덕분에 가능했는데 200가지가 넘는 투영 카탈로그를 활용하여 지오레퍼런싱 벡터파일shapefiles과 래스터파일GeoTiff을 투영해서 이미지나 PDF 포멧으로 전송해 준다. 지도 제작 관련 도구들과 지리 정보 체계GIS, 디자인에 관해서는 이 책의 뒤쪽에 목록을 첨부했다.

오랫동안 기억에서 잊혔던 반구 세계지도는 우리의 지구를 세계라는 수준에서 혹은 지역별로 확대해서 자세히 들여다보기에 뛰어난 매체다. 그러므로 이 책은 반구 세계지도를 다시금 당당히 자리매김시킬 좋은 기회가 되어줄 것이다.

남극
남극점

차 례

I

지구의 맥을 짚어보는
반구 세계지도 16

2

지구 주민들의
맥을 짚어보는 반구 세계지도

56

3

인류 사회의 맥을 짚어보는
반구 세계지도

78

우주로 간
반구 세계지도
102

현미경으로 들여다본 반구 세계지도
: 지도 제작의 원칙들
122

CANADA

ÉTATS-UNIS

Appalaches

Océan Atlantique

2⊠070

Pacifique

4427

Rocheuses

-86

MEXIQUE

CUBA

HAÏTI

BELIZE

GUATEMALA

NICARAGUA

Mer des Antilles

COSTA-RICA

VENEZUELA

2070 GUYANA

COLOMBIE

Équateur

BRÉSIL

PÉROU

Polynésie

Amazonie

BOLIVIE

PARAGUAY

Andes

ARGENTINE

6 959

URUGUAY

40

CHILI

Terre de Feu

ANTARCTIQUE

Pôle Sud

Alaska

6 194

Mer du Lu

MAROC

AL

MAURITANIE

MA

SÉNÉGAL

Sahel

BURKINA

FA

GUINÉE

NIG

TOGO

CÔTE D'IVOIRE

CA

Golfe de Guinée

NULL ISLAN

00°00'00"

00°00'00"

Esp

I

지구의 맥을 짚어보는 반구 세계지도

인류세의 시대

델핀 파팽·프란체스카 파토리

> 지리학자가 말했다.
> "지리책은 모든 책들 가운데 가장 소중하단다.
> 절대 유행에 뒤지는 법이 없거든.
> 산이 자리를 바꾸는 일은 매우 드물어. 대양의 물이 비는 일도 극히 드물지.
> 우리는 영원한 것을 기록한단다."
> "하지만 불이 꺼진 화산이 다시 잠에서 깨어날 수도 있잖아요."
> 어린 왕자가 그가 말하는 도중 끼어들었다. "'일시적'이란 단어는 무슨 뜻이에요?"
>
> 앙투안 드 생텍쥐페리, 『어린 왕자』, 1943년

"지구온난화의 시대는 막을 내리고, 세계가 펄펄 끓어오르는 시대가 도래했다." 안토니우 구테흐스 유엔 사무총장은 2023년 7월, 지구의 기온이 관측 이래 최고치까지 올라가자 이렇게 말했다. 해마다 여름이면 '지금까지 이런 기록은 없었다'는 푸념이 터져 나온다. 폭염이 계속된 일수·화재 피해 지역의 면적·예상치 못한 홍수·극심한 더위는 물론 녹아내리는 빙하와 해수면 상승 기록이 계속 갱신된다.

1988년에 발족한 GIEC기후 변화에 관한 정부 간 협의체의 전문가들은 일찍이 인간의 활동에 의해 온실가스가 다량 배출되면서 지구온난화가 가속화되고 있다고 지적했다.

거의 2000년 동안 지구 표면의 평균 온도는 고작 0도에서 1도 정도의 차이를 보일 뿐 안정적으로 유지되어 왔다. GIEC 전문가들은 지구온난화가 전례 없는 속도로 진행된 것은 19세기 후반부터였다고 주장한다. 그들은 인간의 개입이 없었다면, 다시 말해서 자연적인 요소(태양열, 화산 폭발 등)만 있었다면 지구가 현재 온도에 도달하는 일은 없었을 것이라는 주장을 입증해 보이기도 했다. 오늘날 '인류세', 즉 '인간들의 시대', 달리 표현하면 인간이 지구상에 변화를 초래하는 주요 세력이 된 시대라는 말까지 나온 것도 인간의 행위가 이렇듯 강력한 힘을 지니고 있기 때문이다.

~

기후에 끼치는 영향 외에도 인간의 행동은 지구의 모든 층위와 공간에서, 즉 아마존 밀림의 축소에서부터 심해에서 발견된 미세 플라스틱에 이르기까지 어디에서나 찾아볼 수 있다.

지구의 지붕 히말라야에서부터 시작해 보자. 히말라야 혹은 에베레스트, K2와 같이 세계에서 가장 높은 산봉우리들이 위용을 뽐내는 곳에서조차 만년설이 봄눈 녹듯 녹아내리고 있다. 히말라야산맥은 아시아의 16개국을 지나며 갠지스강과 메콩강, 인더스강과 황허강을 비롯해 세계 12개의 주요 강에 물을 공급한다. 그 덕분에 이 강들을 따라 거대한 도시들이 만들어졌으며 주변에는 사람들이 모여 살고 있다. 그러니 이 지역에서 물의 순환에 따른 생태계 변화가 일어날 경우 사람들에게 얼마나 큰 영향을 끼칠지 쉽게 짐작해 볼 수 있다.

게다가 전 지구적 차원에서 빙하는 중요한 역할을 한다. 빙하는 지구 전체 육지의 10퍼센트에 해당되는 면적을 뒤덮고 있으며 태양의 열기를 반사하는 거울 역할을 한다. 이런 식으로 빙하는 지구의 기후를 안정시키는 데 기여하며 주위 공간이 차가운 상태를 유지하도록 돕는다. 하지만 지구의 기온이 상승하면서 빙하의 80퍼센트가 이번 세기 말까지 사라질 수도 있는 상황이다.

만약 남극과 그린란드의 빙하까지 완전히 녹아내리면 그땐 세계 지도를 새롭게 다시 그려야 한다. 얼음이 녹아 바다의 해수면이 약 70미터까지 상승하게 될 텐데 그렇게 되면 해안가에 사는 주민들은 생존을 위협받게 될 것이다.

대양은 지구 면적의 70퍼센트를 차지하고 있으며 지구가 가진 물의 97퍼센트를 가둬두고 있다. 바다는 생물다양성을 유지하는 데 큰 부분을 차지한다. 30억 명의 사람들이 단백질의 공급원으로서 바다를 필요로 한다. 사실 이 거대한 부의 보고가 그동안 내내 우리가 알고 있는 모습이었던 것은 아니다. 지질학적으로나 기후적으로 시간이 흐르면서 바다의 형태도 변해왔다. 해저 산맥이나 해저 분지·해구·바다의 심연 같은 곳이 바다의 진화를 확인시켜 준다. 그런데 최근 몇 년 사이에 바다 온도가 상승하면서 해수면뿐만 아니라 바닷속까지 격변하고 있다. 대양 곳곳에서 해류와 대류가 궤도 이탈 현상을 보이는데, 가령 2022년 파키스탄에서 대홍수가 일어나 3300만 명 이상의 사람들에게 피해를 입힌 것처럼 극단적인 양상의 몬순이 나타나기도 했다. 미국 동부에서도 폭풍·허리케인 등의 기상 현상이 잦아졌다. 해수면 상승은 허리케인이 발생할 때 해안 지역을 훨씬 더 취약하게 만든다. 강한 바람에 더해 비까지 많이 내리게 되면 해안가는 하늘에서 쏟아지는 물과 바다에서 올라오는 물 사이에서 버

티기 힘들어진다. 과들루프섬이든 뉴칼레도니아의 우베아섬이든 프랑스는 물에 잠길 위험이 있는 해외 영토에서 주민들의 이주를 개시해야 할 상황이다.

~

대양은 강력한 탄소 저장고이기도 하다. 산업혁명 이후 인간의 활동으로 배출된 온실가스인 이산화탄소의 4분의 1을 저장하고 있다. 대량으로 탄소를 끌어모을 수 있는 또 다른 지리적 공간인 숲과 함께 바다는 지구의 기후 균형에서 없어서는 안 될 중요한 역할을 수행하고 있다.

아마존이나 콩고 분지, 동남아시아 일대의 거대한 열대우림은 나무들이 성장하는 동안 탄소 흡수원 역할을 한다. 게다가 지구의 허파 노릇도 톡톡히 한다. 이런 숲들 또한 바다와 마찬가지로 중요한 생물다양성의 저장고다. 그러나 농지 확장·벌목·광물 자원 개발 등으로 원시림의 면적은 날이 갈수록 줄어들고 있다.

WWF세계자연기금는 8000년 전만 해도 지구 표면의 50퍼센트가 숲으로 덮여 있었지만 현재는 30퍼센트에 불과하다고 지적한다. 숲 면적의 축소에 따라 탄소 포획 역량이 감소하면서 이제 세계의 거대 열대우림들은 이산화탄소 배출기로 변해가는 중이다. 동남아시아 밀림은 벌써 그렇게 되었다. 거듭되는 경고에도 불구하고 무분별한 벌채는 2019년과 2020년 사이에도 계속되고 있다. 열대 원시림의 파괴는 현재 진행형이다.

~

2023년 3월, 8년 주기의 활동을 마무리하면서 GIEC가 내린 결론은 가혹했다. 지난 지난 10년 동안 지구 온도는 1850년부터 1900년까지 50년 동안에 비해

1.1도 더 상승했는데 이는 지난 2000년을 통틀어 가장 빠르게 온도가 상승한 결과다. 지구온난화는 '오해의 여지 없이' 인간의 활동에 의해 초래되었다. 그 중에서도 화석 에너지의 연소와 삼림 벌채가 가장 큰 요인이다. 또한 GIEC 발족 초기에 발표한 보고서에서 그토록 사수하고자 했던 '기온 상승폭 1.5도 이내로 제한'은 2030년대 초만 되어도 무너질 것으로 보인다. 이제 곧 최악의 상황이 도래할 것이다. 다행히 인류에게는 재앙을 막을 가능성이 남아 있다. 오늘부터라도 훗날 일어날 재앙을 막기 위해 필요한 조치를 취한다면 말이다.

GIEC 전문가들에 따르면 지금부터 세기 말까지 이 추세를 전복시켜 상승 온도를 1.5도로 제한할 수 있는 희망이 아직 남아 있다. 하지만 그 희망은 실낱같다. 전 세계가 힘을 합치지 않는 한 쉽지 않을 것이다. 무엇보다 기후 변화에 직면하여 가장 취약한 입장에 있는 사람들, 즉 혼자 힘으로 상황을 타개하기에는 기술력이나 재정 지원 여력이 없는, 온실가스 배출량도 미미한 국가와 국민들을 고려하는 중대한 정치적 결단이 없는 한 그 마저도 실현되기 어려울 것이다. 인간은 역사를 통해 강력한 회복탄력성과 적응력을 가지고 있음을 보여 주었다. 그러나 오늘날엔 세계 곳곳에서, 예를 들어 극지방이나 태평양의 작은 섬들 같은 곳에서 이미 회복탄력성의 한계점을 넘어섰거나 넘어서는 중이다.

"지구온난화라는 시한폭탄은 카운트다운을 이어가고

있지만 GIEC의 보고서가 그 폭탄의 뇌관을 제거하도록 돕는 유용한 안내서가
되어줄 것"이라고 안토니우 구테흐스 유엔 사무총장은 말했다.

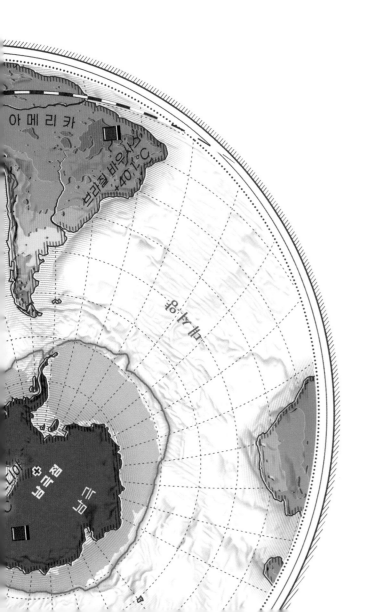

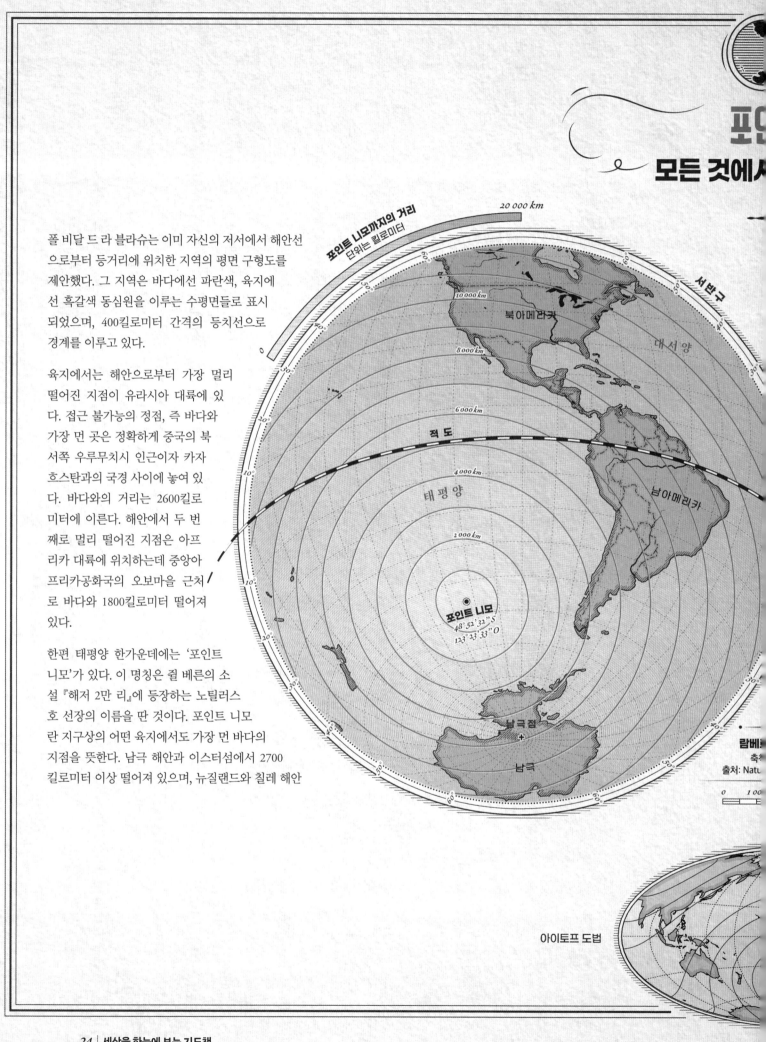

폴 비달 드 라 블라슈는 이미 자신의 저서에서 해안선으로부터 등거리에 위치한 지역의 평면 구형도를 제안했다. 그 지역은 바다에선 파란색, 육지에선 흑갈색 동심원을 이루는 수평면들로 표시되었으며, 400킬로미터 간격의 등치선으로 경계를 이루고 있다.

육지에서는 해안으로부터 가장 멀리 떨어진 지점이 유라시아 대륙에 있다. 접근 불가능의 정점, 즉 바다와 가장 먼 곳은 정확하게 중국의 북서쪽 우루무치시 인근이자 카자흐스탄과의 국경 사이에 놓여 있다. 바다와의 거리는 2600킬로미터에 이른다. 해안에서 두 번째로 멀리 떨어진 지점은 아프리카 대륙에 위치하는데 중앙아프리카공화국의 오보마을 근처로 바다와 1800킬로미터 떨어져 있다.

한편 태평양 한가운데에는 '포인트 니모'가 있다. 이 명칭은 쥘 베른의 소설 『해저 2만 리』에 등장하는 노틸러스호 선장의 이름을 딴 것이다. 포인트 니모란 지구상의 어떤 육지에서도 가장 먼 바다의 지점을 뜻한다. 남극 해안과 이스터섬에서 2700킬로미터 이상 떨어져 있으며, 뉴질랜드와 칠레 해안

니모

...니 떨어진 곳

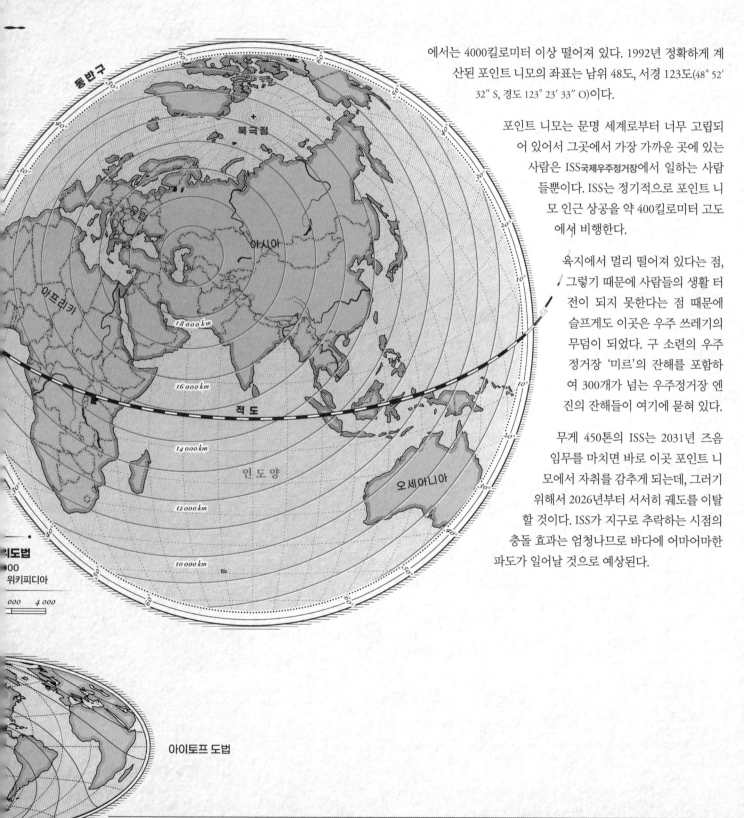

동반구

북극점

아시아

아프리카

18 000 km

16 000 km

적도

인도양

14 000 km

오세아니아

12 000 km

10 000 km

...도법

...00
위키피디아

...000   4 000

아이토프 도법

에서는 4000킬로미터 이상 떨어져 있다. 1992년 정확하게 계산된 포인트 니모의 좌표는 남위 48도, 서경 123도(48° 52′ 32″ S, 경도 123° 23′ 33″ O)이다.

포인트 니모는 문명 세계로부터 너무 고립되어 있어서 그곳에서 가장 가까운 곳에 있는 사람은 ISS국제우주정거장에서 일하는 사람들뿐이다. ISS는 정기적으로 포인트 니모 인근 상공을 약 400킬로미터 고도에서 비행한다.

육지에서 멀리 떨어져 있다는 점, 그렇기 때문에 사람들의 생활 터전이 되지 못한다는 점 때문에 슬프게도 이곳은 우주 쓰레기의 무덤이 되었다. 구 소련의 우주정거장 '미르'의 잔해를 포함하여 300개가 넘는 우주정거장 엔진의 잔해들이 여기에 묻혀 있다.

무게 450톤의 ISS는 2031년 즈음 임무를 마치면 바로 이곳 포인트 니모에서 자취를 감추게 되는데, 그러기 위해서 2026년부터 서서히 궤도를 이탈할 것이다. ISS가 지구로 추락하는 시점의 충돌 효과는 엄청나므로 바다에 어마어마한 파도가 일어날 것으로 예상된다.

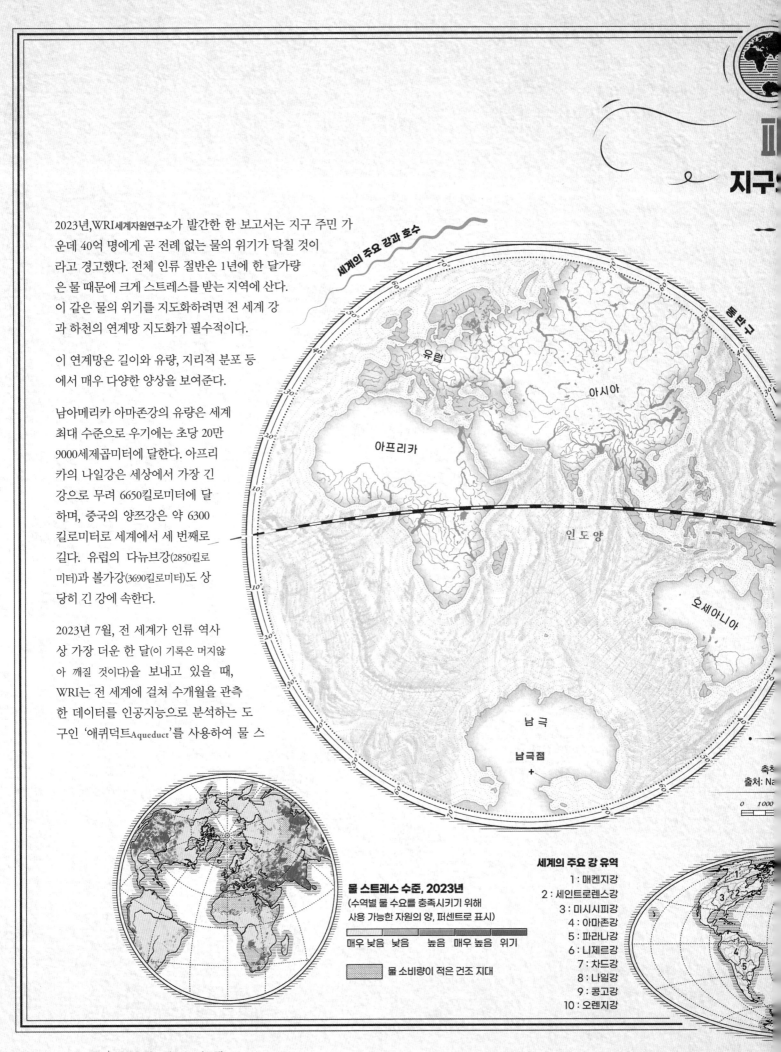

2023년, WRI세계자원연구소가 발간한 한 보고서는 지구 주민 가운데 40억 명에게 곧 전례 없는 물의 위기가 닥칠 것이라고 경고했다. 전체 인류 절반은 1년에 한 달가량은 물 때문에 크게 스트레스를 받는 지역에 산다. 이 같은 물의 위기를 지도화하려면 전 세계 강과 하천의 연계망 지도화가 필수적이다.

이 연계망은 길이와 유량, 지리적 분포 등에서 매우 다양한 양상을 보여준다.

남아메리카 아마존강의 유량은 세계 최대 수준으로 우기에는 초당 20만 9000세제곱미터에 달한다. 아프리카의 나일강은 세상에서 가장 긴 강으로 무려 6650킬로미터에 달하며, 중국의 양쯔강은 약 6300 킬로미터로 세계에서 세 번째로 길다. 유럽의 다뉴브강(2850킬로미터)과 볼가강(3690킬로미터)도 상당히 긴 강에 속한다.

2023년 7월, 전 세계가 인류 역사상 가장 더운 한 달(이 기록은 머지않아 깨질 것이다)을 보내고 있을 때, WRI는 전 세계에 걸쳐 수개월을 관측한 데이터를 인공지능으로 분석하는 도구인 '애퀴덕트Aqueduct'를 사용하여 물 스

세계의 주요 강과 호수

동반구

유럽
아시아
아프리카
인도양
오세아니아
남극
남극점
+

축천
출처: Na

0   1000

물 스트레스 수준, 2023년
(수역별 물 수요를 충족시키기 위해 사용 가능한 자원의 양, 퍼센트로 표시)

매우 낮음   낮음   높음   매우 높음   위기

물 소비량이 적은 건조 지대

세계의 주요 강 유역
  1 : 매켄지강
  2 : 세인트로렌스강
  3 : 미시시피강
  4 : 아마존강
  5 : 파라나강
  6 : 니제르강
  7 : 차드강
  8 : 나일강
  9 : 콩고강
10 : 오렌지강

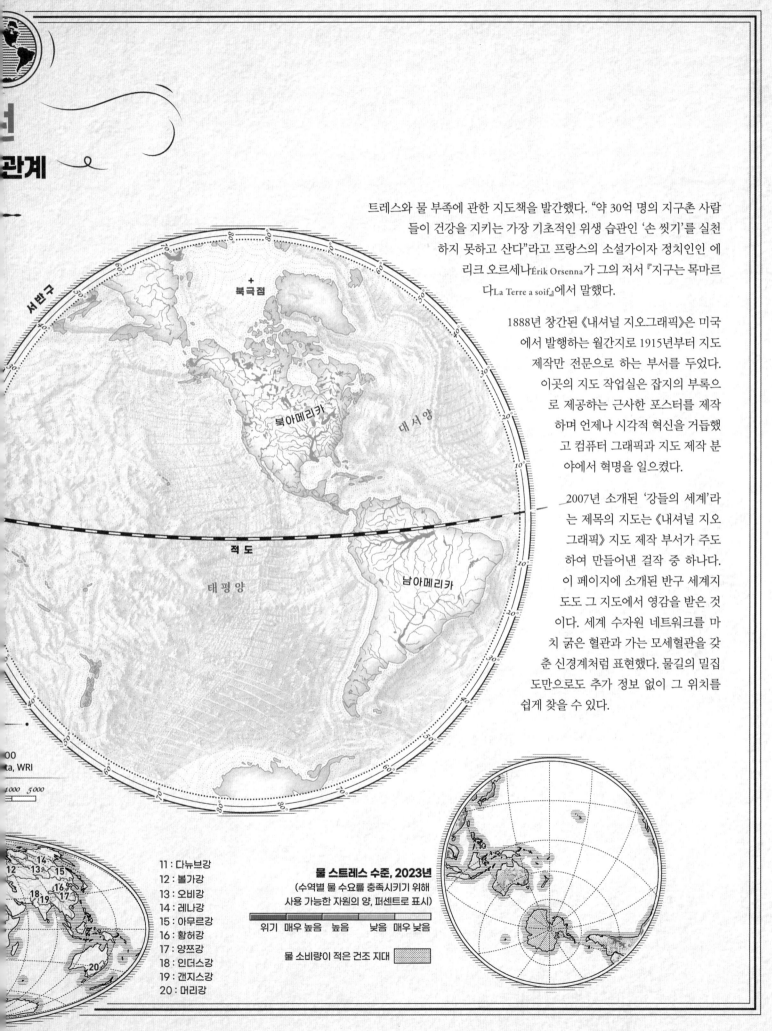

트레스와 물 부족에 관한 지도책을 발간했다. "약 30억 명의 지구촌 사람들이 건강을 지키는 가장 기초적인 위생 습관인 '손 씻기'를 실천하지 못하고 산다"라고 프랑스의 소설가이자 정치인인 에리크 오르세나Érik Orsenna가 그의 저서 『지구는 목마르다La Terre a soif』에서 말했다.

1888년 창간된 《내셔널 지오그래픽》은 미국에서 발행하는 월간지로 1915년부터 지도 제작만 전문으로 하는 부서를 두었다. 이곳의 지도 작업실은 잡지의 부록으로 제공하는 근사한 포스터를 제작하며 언제나 시각적 혁신을 거듭했고 컴퓨터 그래픽과 지도 제작 분야에서 혁명을 일으켰다.

2007년 소개된 '강들의 세계'라는 제목의 지도는 《내셔널 지오그래픽》 지도 제작 부서가 주도하여 만들어낸 걸작 중 하나다. 이 페이지에 소개된 반구 세계지도도 그 지도에서 영감을 받은 것이다. 세계 수자원 네트워크를 마치 굵은 혈관과 가는 모세혈관을 갖춘 신경계처럼 표현했다. 물길의 밀집도만으로도 추가 정보 없이 그 위치를 쉽게 찾을 수 있다.

11 : 다뉴브강
12 : 볼가강
13 : 오비강
14 : 레나강
15 : 아무르강
16 : 황허강
17 : 양쯔강
18 : 인더스강
19 : 갠지스강
20 : 머리강

물 스트레스 수준, 2023년
(수역별 물 수요를 충족시키기 위해 사용 가능한 자원의 양, 퍼센트로 표시)

위기　매우 높음　높음　낮음　매우 낮음

물 소비량이 적은 건조 지대

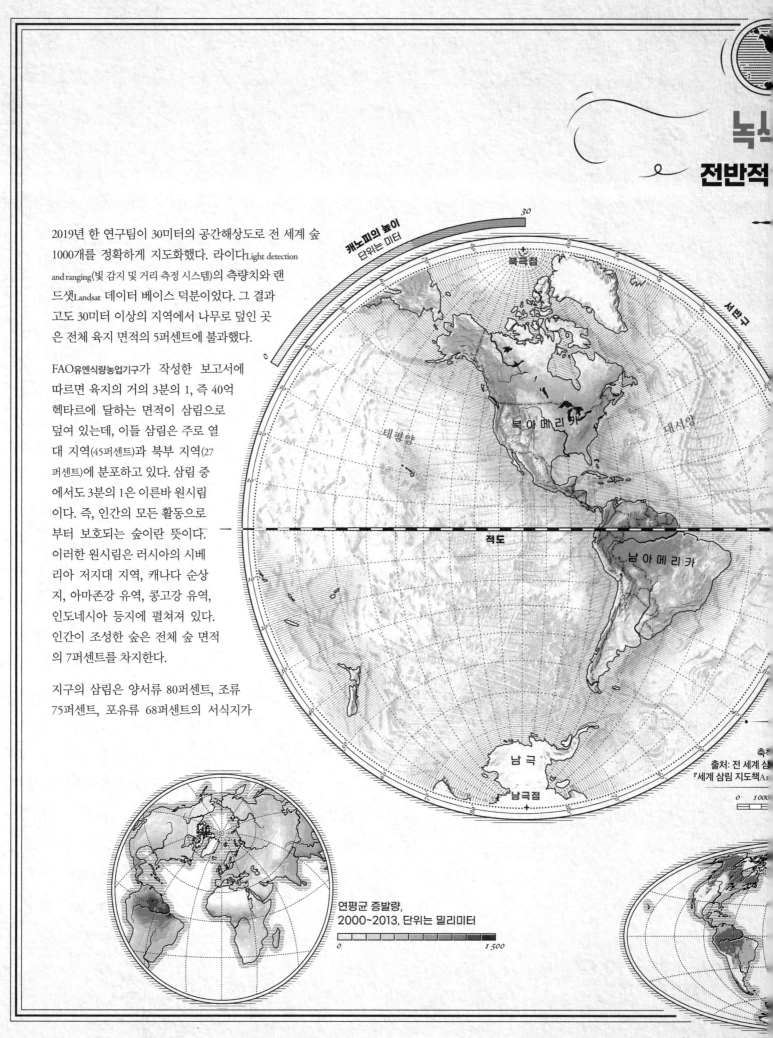

2019년 한 연구팀이 30미터의 공간해상도로 전 세계 숲 1000개를 정확하게 지도화했다. 라이다Light detection and ranging(빛 감지 및 거리 측정 시스템)의 측량치와 랜드샛Landsat 데이터 베이스 덕분이었다. 그 결과 고도 30미터 이상의 지역에서 나무로 덮인 곳은 전체 육지 면적의 5퍼센트에 불과했다.

FAO유엔식량농업기구가 작성한 보고서에 따르면 육지의 거의 3분의 1, 즉 40억 헥타르에 달하는 면적이 삼림으로 덮여 있는데, 이들 삼림은 주로 열대 지역(45퍼센트)과 북부 지역(27퍼센트)에 분포하고 있다. 삼림 중에서도 3분의 1은 이른바 원시림이다. 즉, 인간의 모든 활동으로부터 보호되는 숲이란 뜻이다. 이러한 원시림은 러시아의 시베리아 저지대 지역, 캐나다 순상지, 아마존강 유역, 콩고강 유역, 인도네시아 등지에 펼쳐져 있다. 인간이 조성한 숲은 전체 숲 면적의 7퍼센트를 차지한다.

지구의 삼림은 양서류 80퍼센트, 조류 75퍼센트, 포유류 68퍼센트의 서식지가

캐노피의 높이
단위는 미터

30

북극점

서반구

북아메리카

태평양

대서양

적도

남아메리카

남극

남극점

축척
출처: 전 세계 삼림
『세계 삼림 지도책At

0   1000

연평균 증발량,
2000~2013, 단위는 밀리미터

0   1500

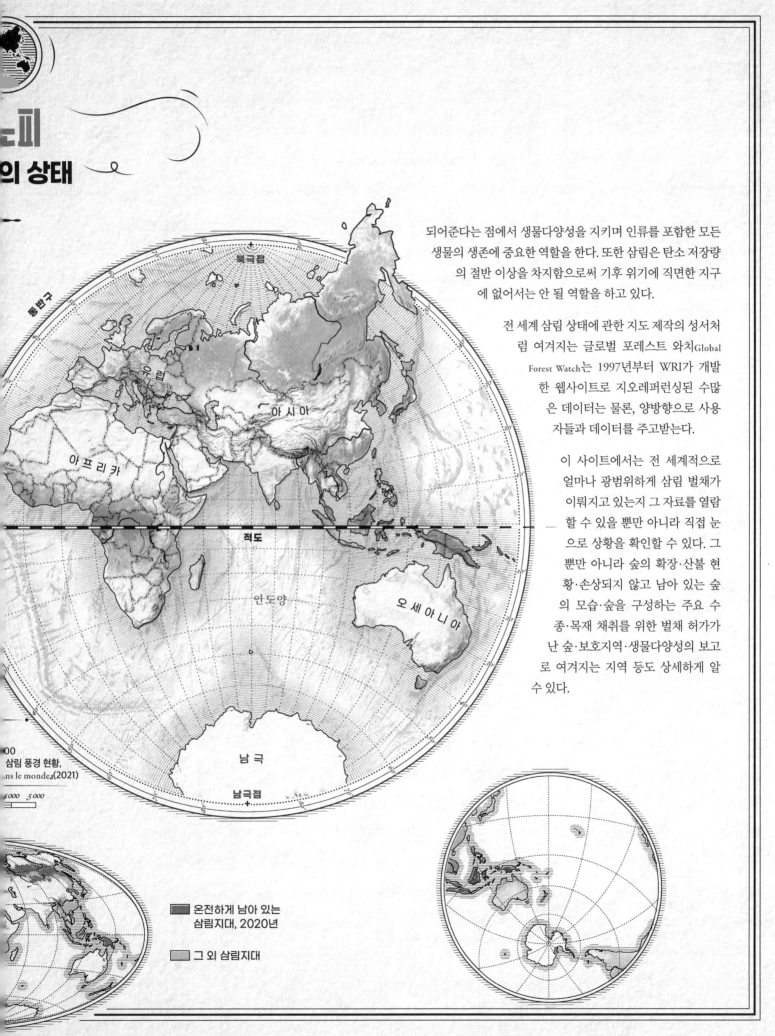

의 상태

되어준다는 점에서 생물다양성을 지키며 인류를 포함한 모든 생물의 생존에 중요한 역할을 한다. 또한 삼림은 탄소 저장량의 절반 이상을 차지함으로써 기후 위기에 직면한 지구에 없어서는 안 될 역할을 하고 있다.

전 세계 삼림 상태에 관한 지도 제작의 성서처럼 여겨지는 글로벌 포레스트 와치Global Forest Watch는 1997년부터 WRI가 개발한 웹사이트로 지오레퍼런싱된 수많은 데이터는 물론, 양방향으로 사용자들과 데이터를 주고받는다.

이 사이트에서는 전 세계적으로 얼마나 광범위하게 삼림 벌채가 이뤄지고 있는지 그 자료를 열람할 수 있을 뿐만 아니라 직접 눈으로 상황을 확인할 수 있다. 그뿐만 아니라 숲의 확장·산불 현황·손상되지 않고 남아 있는 숲의 모습·숲을 구성하는 주요 수종·목재 채취를 위한 벌채 허가가 난 숲·보호지역·생물다양성의 보고로 여겨지는 지역 등도 상세하게 알 수 있다.

동반구

북극점

유럽

아 시 아

아 프 리 카

적도

인도양

오 세 아 니 아

남 극

남극점

삼림 풍경 현황,
ns le monde (2021)

4 000   5 000

온전하게 남아 있는
삼림지대, 2020년

그 외 삼림지대

바람의 지리학은 지구 기후 시스템의 본질적인 구성요소로서 날씨와 기후 조건에 상당한 영향을 끼치며 대기 순환의 복잡한 도식을 보여준다.

반구 지도 위로 몇 개의 큰 바람이 불고 있다. 무역풍은 항상 적도 부근 아열대 고기압권에서 분다. 제트 기류는 중위도 지역에서 발생하는데 서쪽에서 동쪽으로 이동하는 빠른 바람으로 저기압·고기압의 형성과 이동에 중요한 역할을 한다. 여름과 겨울 몬순은 아프리카와 아시아의 많은 지역에서 농업 용수와 식수 공급에 필수적인 계절적 강우를 몰고 온다. 그 외에도 활강풍이라고 불리며 해당 지역의 지형에 영향을 받는 지역성 바람들은 프랑스의 미스트랄(북풍·북동풍), 중부 유럽의 푄 바람처럼 날씨와 기후 현상에 결정적인 역할을 한다. 마지막으로 바다의 영향은 해풍에 의해 감지된다.

기후 위기는 바람도 가만히 놔두지 않는다. 기후 변화를 연구하는 과학 저널 《자연 기후 변화Nature Climate

바람의 방향, 2022년 11월 15일

평균 풍속, 2022년 11월 15일
단위는 초속 미터(m/s)

30 m/s

0 m/s

북극점

서반구

북아메리카

태평양

대서양

적도

남아메리카

남극

남극점

축척
출처: Natural Ea

0 1000

스페인

헝클어진

바람

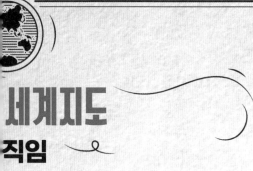

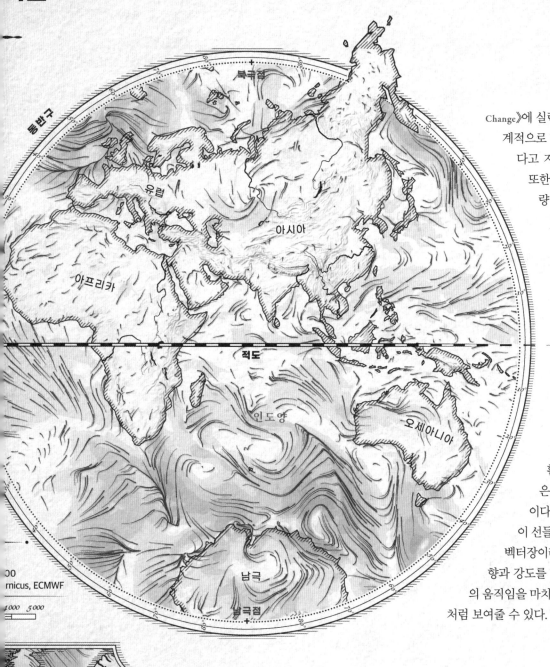

Change》에 실린 논문에 따르면 지난 10년 동안 세계적으로 바람이 이전보다 더 많이 불게 되었다고 지적한다. 2010년 이후 바람의 속도 또한 북반구 중위도 지역에서 7퍼센트가량 증가했다.

바람은 시각적 표현도 그렇고 지도 제작의 관점에서 볼 때 나타내기에 어려움이 많다. 때로는 지배적인 바람의 방향과 세기를 지도 위에 나타내기 위해 풍향계 표시가 특정한 관측소의 날씨 지도에서 사용되기도 한다. 바람자루도 새의 깃털(우지)과 더불어 풍향계와 같은 정보를 제공하는 상징으로 사용된다.

흔히 사용되며, 이번 지도에서도 활용된 또 하나의 시각적 표현 방식은 바람의 순환 방향을 보여주는 유선이다. 흔히 일기예보 때 주로 보게 되는 이 선들은 작은 화살표들로 이루어져 있다. 벡터장이라고도 불리는 이 선들은 바람의 방향과 강도를 나타낸다. 이 선들을 이용하면 바람의 움직임을 마치 지표면 위로 흐르는 액체의 움직임처럼 보여줄 수 있다.

풍력 에너지는 신재생 에너지 중 하나로 바람의 동력을 에너지의 원천으로 삼는다. 이 에너지는 날씨 조건에 의존하는 간헐적인 에너지이기도 하다. 전 세계 전기 생산량 가운데 풍력 에너지가 차지하는 비율은 2020년에 6퍼센트였다가 2022년에 7.2퍼센트로 증가했다. 세계적으로 볼 때 풍력 에너지는 주로 중국(2020년의 경우 전체 풍력 에너지의 29.2퍼센트)에서 생산하며 미국(21.4퍼센트)과 독일(8.3퍼센트)이 그 뒤를 잇고 있다. 풍력 에너지의 잠재력은 바다, 그중에서도 특히 중위도 지역에서 최고치를 기대할 수 있다.

바람의 운동 에너지를 역학 에너지로 변환한 다음 다시 전기로 바꾸는 장치인 최초의 풍력 발전기는 1990년 프랑스의 됭케르크에 설치되었다. 2022년에는 프랑스 전역에 약 8000개의 풍력 발전기가 들어섰다. 이 풍력 에너지는 프랑스 전체 전기 에너지 소비량의 8.3퍼센트를 담당하는데, 이는 유럽 전체에서 영국 다음으로 큰 규모다.

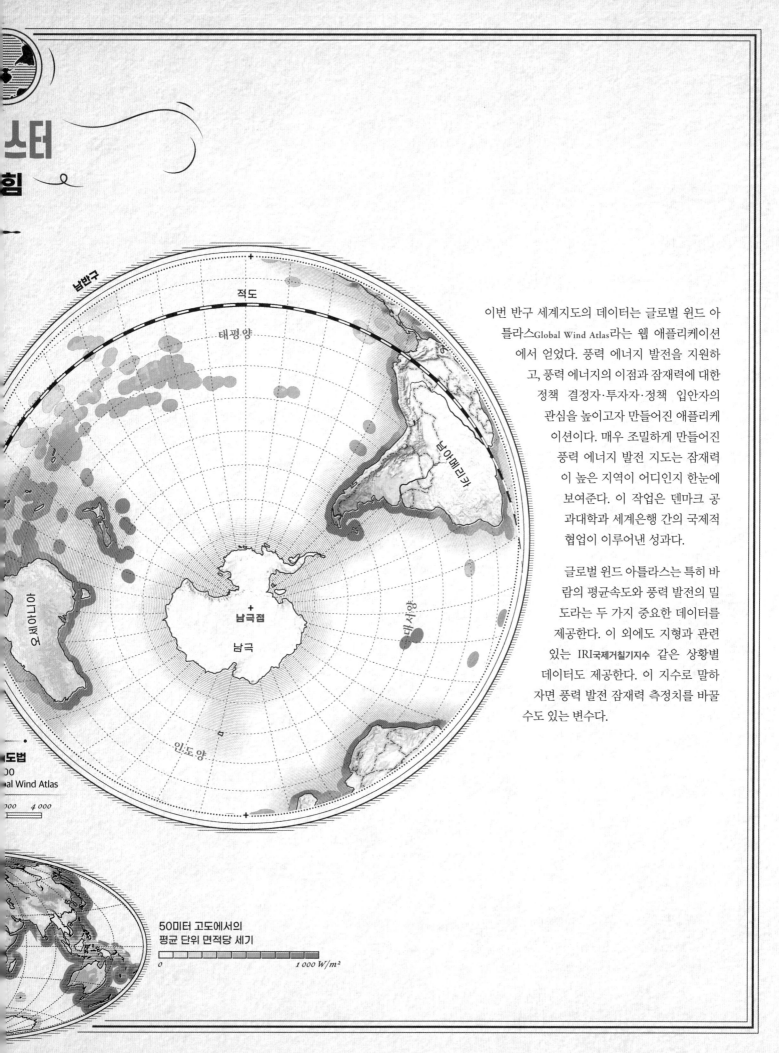

남반구

적도

태평양

남아메리카

오세아니아

대서양

남극점

남극

인도양

이번 반구 세계지도의 데이터는 글로벌 윈드 아틀라스Global Wind Atlas라는 웹 애플리케이션에서 얻었다. 풍력 에너지 발전을 지원하고, 풍력 에너지의 이점과 잠재력에 대한 정책 결정자·투자자·정책 입안자의 관심을 높이고자 만들어진 애플리케이션이다. 매우 조밀하게 만들어진 풍력 에너지 발전 지도는 잠재력이 높은 지역이 어디인지 한눈에 보여준다. 이 작업은 덴마크 공과대학과 세계은행 간의 국제적 협업이 이루어낸 성과다.

글로벌 윈드 아틀라스는 특히 바람의 평균속도와 풍력 발전의 밀도라는 두 가지 중요한 데이터를 제공한다. 이 외에도 지형과 관련 있는 IRI국제거칠기지수 같은 상황별 데이터도 제공한다. 이 지수로 말하자면 풍력 발전 잠재력 측정치를 바꿀 수도 있는 변수다.

도법

al Wind Atlas

000   4 000

50미터 고도에서의
평균 단위 면적당 세기

0   1 000 W/m²

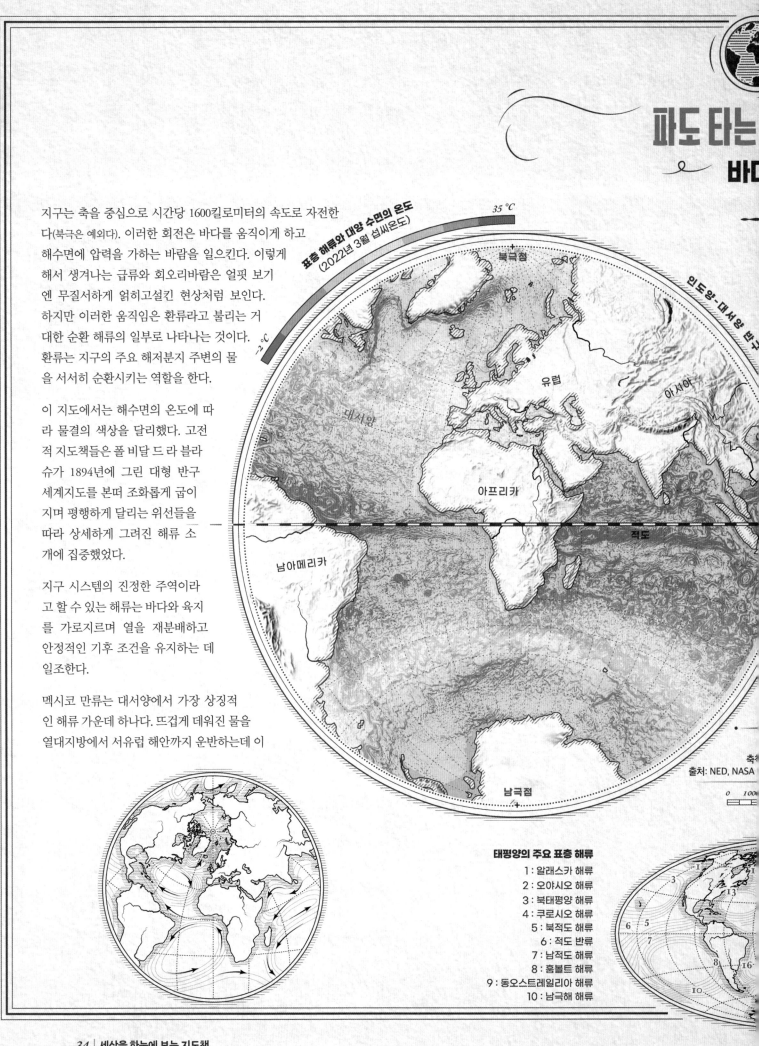

지구는 축을 중심으로 시간당 1600킬로미터의 속도로 자전한다(북극은 예외다). 이러한 회전은 바다를 움직이게 하고 해수면에 압력을 가하는 바람을 일으킨다. 이렇게 해서 생겨나는 급류와 회오리바람은 얼핏 보기엔 무질서하게 얽히고설킨 현상처럼 보인다. 하지만 이러한 움직임은 환류라고 불리는 거대한 순환 해류의 일부로 나타나는 것이다. 환류는 지구의 주요 해저분지 주변의 물을 서서히 순환시키는 역할을 한다.

이 지도에서는 해수면의 온도에 따라 물결의 색상을 달리했다. 고전적 지도책들은 폴 비달 드 라 블라슈가 1894년에 그린 대형 반구 세계지도를 본떠 조화롭게 굽이지며 평행하게 달리는 위선들을 따라 상세하게 그려진 해류 소개에 집중했었다.

지구 시스템의 진정한 주역이라고 할 수 있는 해류는 바다와 육지를 가로지르며 열을 재분배하고 안정적인 기후 조건을 유지하는 데 일조한다.

멕시코 만류는 대서양에서 가장 상징적인 해류 가운데 하나다. 뜨겁게 데워진 물을 열대지방에서 서유럽 해안까지 운반하는데 이

파도 타는

바다

35 ℃

표층 해류와 대양 수면의 온도
(2022년 3월 섭씨온도)

−2 ℃

인도양·대서양 반구

북극점

유럽

아시아

대서양

아프리카

적도

남아메리카

남극점

출처: NED, NASA

축

0   100

태평양의 주요 표층 해류

1 : 알래스카 해류
2 : 오야시오 해류
3 : 북태평양 해류
4 : 쿠로시오 해류
5 : 북적도 해류
6 : 적도 반류
7 : 남적도 해류
8 : 훔볼트 해류
9 : 동오스트레일리아 해류
10 : 남극해 해류

는 이 지역 기후에 상당한 영향을 끼친다. 만약 멕시코 만류가 없었다면 서유럽은 지금보다 훨씬 더 추운 지역이 되었을 것이다.

세계 전역의 기상 현상에 영향을 끼치는 해류는 특히 태평양의 엘니뇨와 라니냐 현상과 밀접한 관련이 있다. 예를 들어 엘니뇨는 열대 동태평양의 수온을 비정상적으로 높이는 특성을 보이는데 이 때문에 세계적으로 심각한 기후 문제를 초래한다. 한편 라니냐는 해수면의 온도를 낮추는 특성이 있어 이 역시 세계 기후에 많은 영향을 준다. 이런 현상들은 세계 곳곳에 가뭄과 홍수, 태풍, 이상 강수 등을 야기한다.

페루 해류라고도 불리는 훔볼트 해류는 영양분이 풍부한 한류로 남아메리카 서해안을 거슬러 올라가는 태평양의 해류다. 특히 페루와 에콰도르 부근의 심해에서 차갑고 영양분이 풍부한 물을 끌어올려 건강한 해양 생태계를 조성한다. 반면 제트기류는 높은 대기권, 즉 성층권에 나타나는 속도가 매우 빠르고 폭이 좁은 기류를 일컫는다. 여름과 겨울에 각기 다른 흐름을 보이는데, 태풍과 같은 기상 시스템의 경로를 조종함으로써 날씨에 지대한 영향을 준다.

북극점

태평양 반구

아시아

북아메리카

적도

오세아니아

00
ons, NASA ECCO₂

000 5 000

남극점

대서양-인도양의 주요 표층 해류

11 : 래브라도 해류
12 : 동그린란드 해류
13 : 멕시코 만류
14 : 북대서양 해류
15 : 서오스트레일리아 해류
16 : 브라질 해류
17 : 벵갈라 해류
18 : 아굴라스 해류
19 : 남인도양 해류
20 : 남극 환류

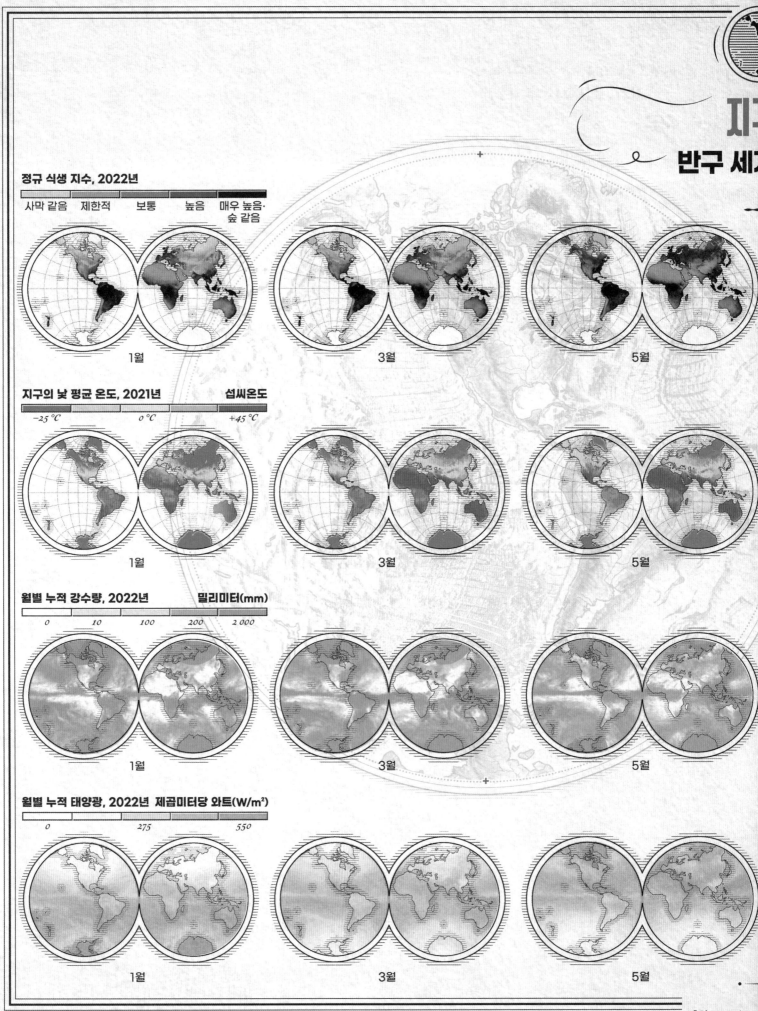

정규 식생 지수, 2022년

사막 같음　제한적　보통　높음　매우 높음·숲 같음

1월　　　3월　　　5월

지구의 낮 평균 온도, 2021년　섭씨온도

−25 ℃　　0 ℃　　+45 ℃

1월　　　3월　　　5월

월별 누적 강수량, 2022년　밀리미터(mm)

0　10　100　200　2 000

1월　　　3월　　　5월

월별 누적 태양광, 2022년　제곱미터당 와트(W/m²)

0　275　550

1월　　　3월　　　5월

출처: Natural Ear

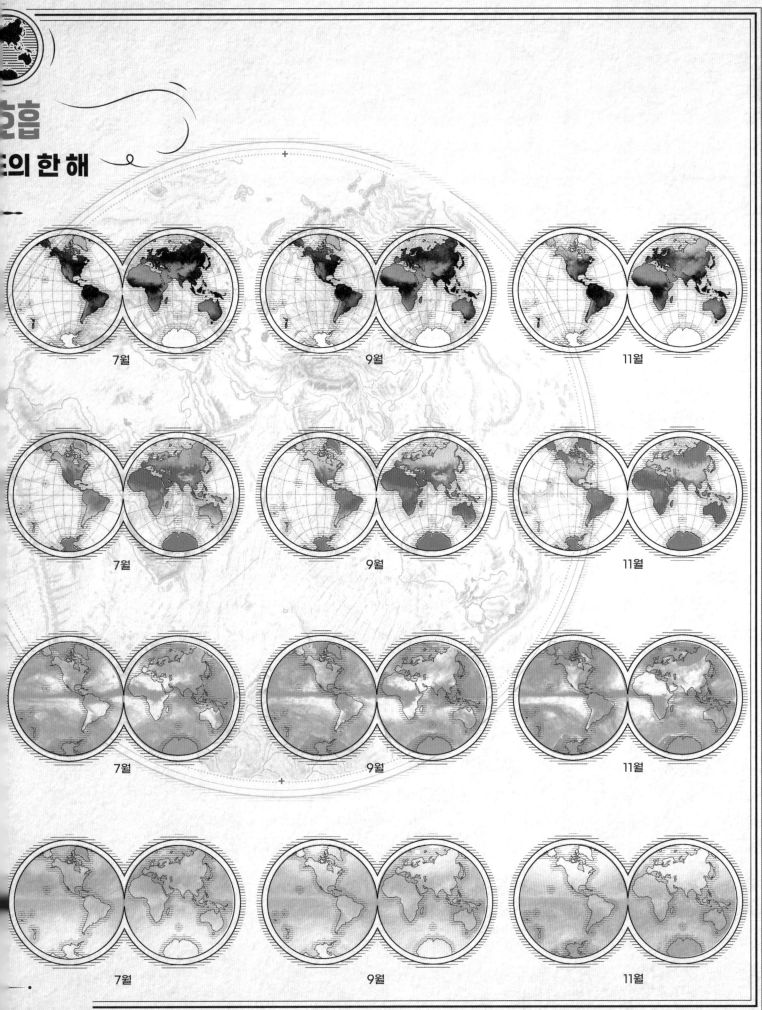

7월   9월   11월

7월   9월   11월

7월   9월   11월

7월   9월   11월

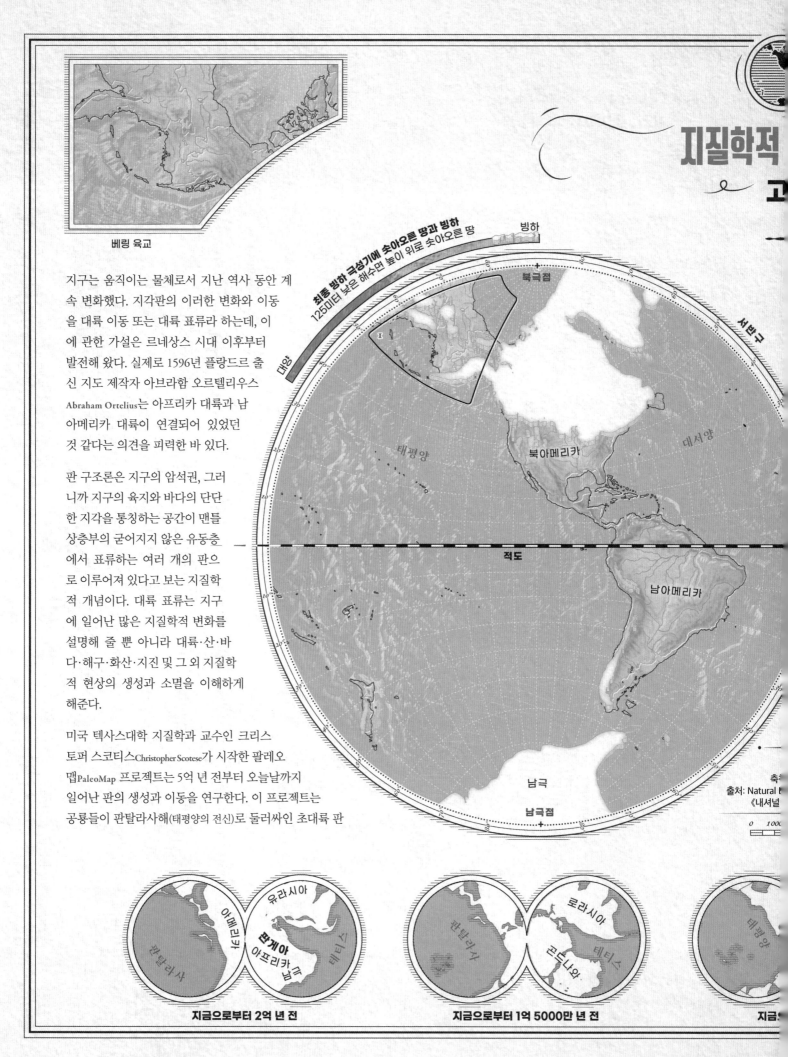

베링 육교

지구는 움직이는 물체로서 지난 역사 동안 계속 변화했다. 지각판의 이러한 변화와 이동을 대륙 이동 또는 대륙 표류라 하는데, 이에 관한 가설은 르네상스 시대 이후부터 발전해 왔다. 실제로 1596년 플랑드르 출신 지도 제작자 아브라함 오르텔리우스 Abraham Ortelius는 아프리카 대륙과 남아메리카 대륙이 연결되어 있었던 것 같다는 의견을 피력한 바 있다.

판 구조론은 지구의 암석권, 그러니까 지구의 육지와 바다의 단단한 지각을 통칭하는 공간이 맨틀 상층부의 굳어지지 않은 유동층에서 표류하는 여러 개의 판으로 이루어져 있다고 보는 지질학적 개념이다. 대륙 표류는 지구에 일어난 많은 지질학적 변화를 설명해 줄 뿐 아니라 대륙·산·바다·해구·화산·지진 및 그 외 지질학적 현상의 생성과 소멸을 이해하게 해준다.

미국 텍사스대학 지질학과 교수인 크리스토퍼 스코티스 Christopher Scotese가 시작한 팔레오맵 PaleoMap 프로젝트는 5억 년 전부터 오늘날까지 일어난 판의 생성과 이동을 연구한다. 이 프로젝트는 공룡들이 판탈라사해(태평양의 전신)로 둘러싸인 초대륙 판

최종 빙하 극성기에 솟아오른 땅과 빙하
125미터 낮은 해수면 높이 위로 솟아오른 땅

빙하

대양

북극점 +

서반구

태평양

북아메리카

대서양

적도

남아메리카

남극

남극점 +

축척
출처: Natural
《내셔널

0   1000

유라시아

아메리카

판탈라사

판게아
아프리카
남극

테티스

지금으로부터 2억 년 전

로라시아

판탈라사

곤드와나

테티스

태평양

지금으로부터 1억 5000만 년 전

지금

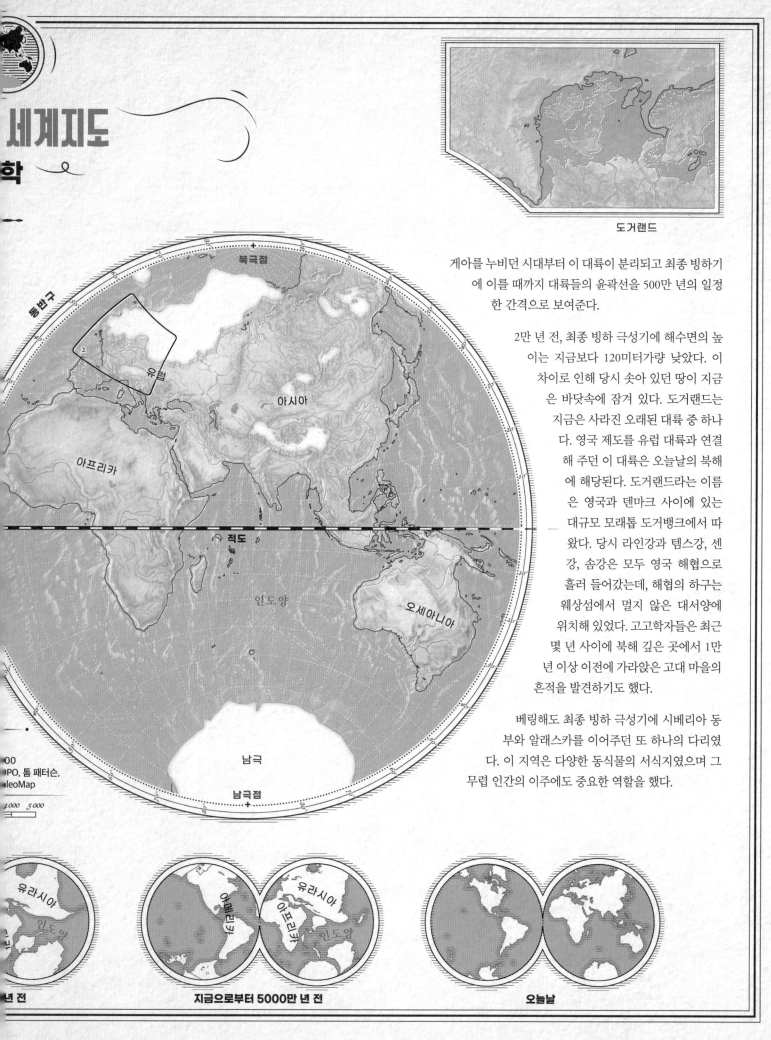

세계지도
학

도거랜드

게아를 누비던 시대부터 이 대륙이 분리되고 최종 빙하기에 이를 때까지 대륙들의 윤곽선을 500만 년의 일정한 간격으로 보여준다.

2만 년 전, 최종 빙하 극성기에 해수면의 높이는 지금보다 120미터가량 낮았다. 이 차이로 인해 당시 솟아 있던 땅이 지금은 바닷속에 잠겨 있다. 도거랜드는 지금은 사라진 오래된 대륙 중 하나다. 영국 제도를 유럽 대륙과 연결해 주던 이 대륙은 오늘날의 북해에 해당된다. 도거랜드라는 이름은 영국과 덴마크 사이에 있는 대규모 모래톱 도거뱅크에서 따왔다. 당시 라인강과 템스강, 센강, 솜강은 모두 영국 해협으로 흘러 들어갔는데, 해협의 하구는 웨상섬에서 멀지 않은 대서양에 위치해 있었다. 고고학자들은 최근 몇 년 사이에 북해 깊은 곳에서 1만 년 이상 이전에 가라앉은 고대 마을의 흔적을 발견하기도 했다.

베링해도 최종 빙하 극성기에 시베리아 동부와 알래스카를 이어주던 또 하나의 다리였다. 이 지역은 다양한 동식물의 서식지였으며 그 무렵 인간의 이주에도 중요한 역할을 했다.

북극점

동반구

유럽

아시아

아프리카

적도

인도양

오세아니아

남극

남극점

유라시아

인도양

아메리카

아프리카

유라시아

인도양

… 년 전

지금으로부터 5000만 년 전

오늘날

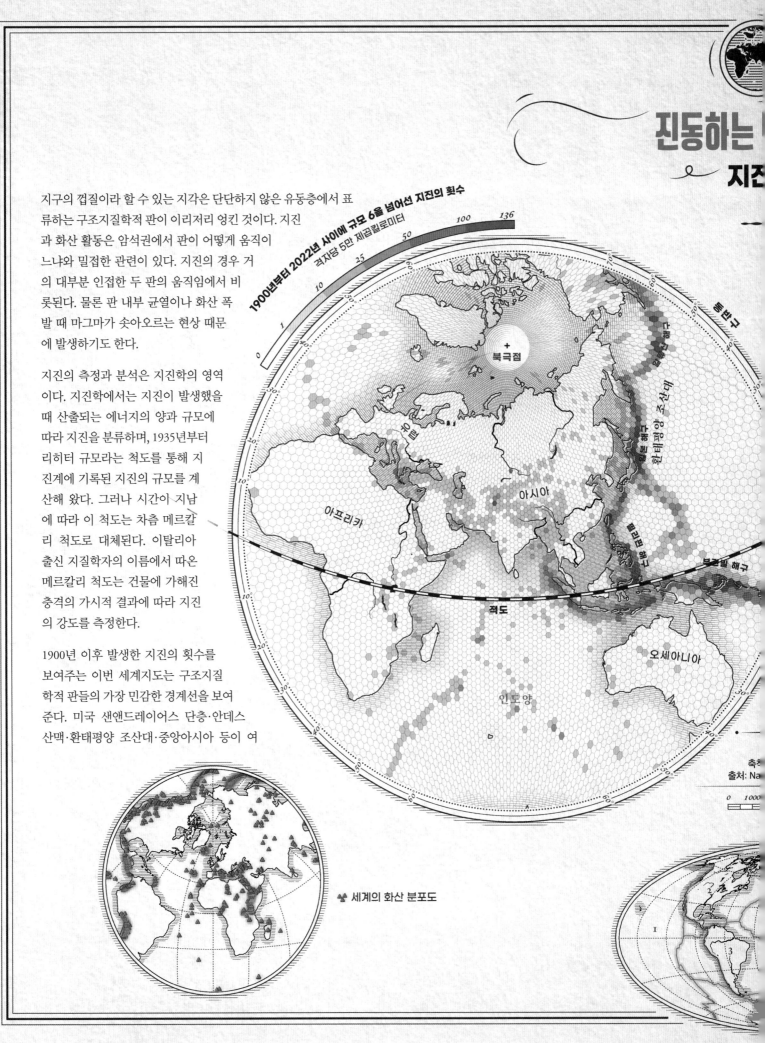

지구의 껍질이라 할 수 있는 지각은 단단하지 않은 유동층에서 표류하는 구조지질학적 판이 이리저리 엉킨 것이다. 지진과 화산 활동은 암석권에서 판이 어떻게 움직이느냐와 밀접한 관련이 있다. 지진의 경우 거의 대부분 인접한 두 판의 움직임에서 비롯된다. 물론 판 내부 균열이나 화산 폭발 때 마그마가 솟아오르는 현상 때문에 발생하기도 한다.

지진의 측정과 분석은 지진학의 영역이다. 지진학에서는 지진이 발생했을 때 산출되는 에너지의 양과 규모에 따라 지진을 분류하며, 1935년부터 리히터 규모라는 척도를 통해 지진계에 기록된 지진의 규모를 계산해 왔다. 그러나 시간이 지남에 따라 이 척도는 차츰 메르칼리 척도로 대체된다. 이탈리아 출신 지질학자의 이름에서 따온 메르칼리 척도는 건물에 가해진 충격의 가시적 결과에 따라 지진의 강도를 측정한다.

1900년 이후 발생한 지진의 횟수를 보여주는 이번 세계지도는 구조지질학적 판들의 가장 민감한 경계선을 보여준다. 미국 샌앤드레이어스 단층·안데스산맥·환태평양 조산대·중앙아시아 등이 여

1900년부터 2022년 사이에 규모 6을 넘어선 지진의 횟수
격자당 5만 제곱킬로미터

0 1 10 25 50 100 136

북극점

동반구

아프리카

유럽

아시아

알류샨 해구·쿠릴 열도

북서태평양 조산대

남쪽 중국

필리핀 해구

적도

부갱빌 해구

인도양

오세아니아

축척
출처: Na

0 1000

♨ 세계의 화산 분포도

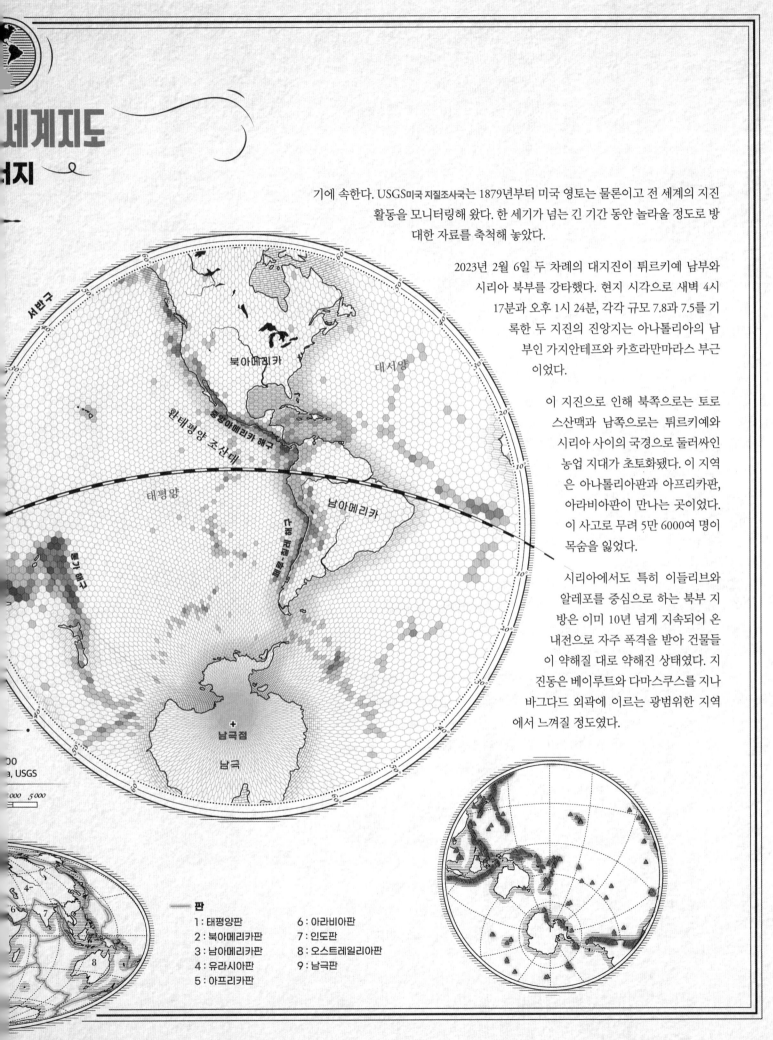

세계지도

기에 속한다. USGS미국 지질조사국는 1879년부터 미국 영토는 물론이고 전 세계의 지진 활동을 모니터링해 왔다. 한 세기가 넘는 긴 기간 동안 놀라울 정도로 방대한 자료를 축척해 놓았다.

2023년 2월 6일 두 차례의 대지진이 튀르키예 남부와 시리아 북부를 강타했다. 현지 시각으로 새벽 4시 17분과 오후 1시 24분, 각각 규모 7.8과 7.5를 기록한 두 지진의 진앙지는 아나톨리아의 남부인 가지안테프와 카흐라만마라스 부근이었다.

이 지진으로 인해 북쪽으로는 토로스산맥과 남쪽으로는 튀르키예와 시리아 사이의 국경으로 둘러싸인 농업 지대가 초토화됐다. 이 지역은 아나톨리아판과 아프리카판, 아라비아판이 만나는 곳이었다. 이 사고로 무려 5만 6000여 명이 목숨을 잃었다.

시리아에서도 특히 이들리브와 알레포를 중심으로 하는 북부 지방은 이미 10년 넘게 지속되어 온 내전으로 자주 폭격을 받아 건물들이 약해질 대로 약해진 상태였다. 지진동은 베이루트와 다마스쿠스를 지나 바그다드 외곽에 이르는 광범위한 지역에서 느껴질 정도였다.

판

1 : 태평양판
2 : 북아메리카판
3 : 남아메리카판
4 : 유라시아판
5 : 아프리카판
6 : 아라비아판
7 : 인도판
8 : 오스트레일리아판
9 : 남극판

튀르키예와 시리아
동아나톨리아 단층에서 관찰된 가장 고강도의 지진

그리니치 동쪽

토지개발

도시 지역	농촌 지역	숲

◉ 2023년 2월 6일에 발생한 지진의 진앙

✧ 여진 강도 4.5 이상

⋯⋯ 판의 경계

▪▪▪ 동아나톨리아 단층

4시 17분 지진의 진도(MMI)

약함 ▬▬▬▬▬ 강함

✦ 지난 한 세기 동안 발생한 강도 7 이상의 지진

정거원추도법
출처: ETOPO, Natural Earth Data,
ESACCILand Cover, USGS, WorldPop

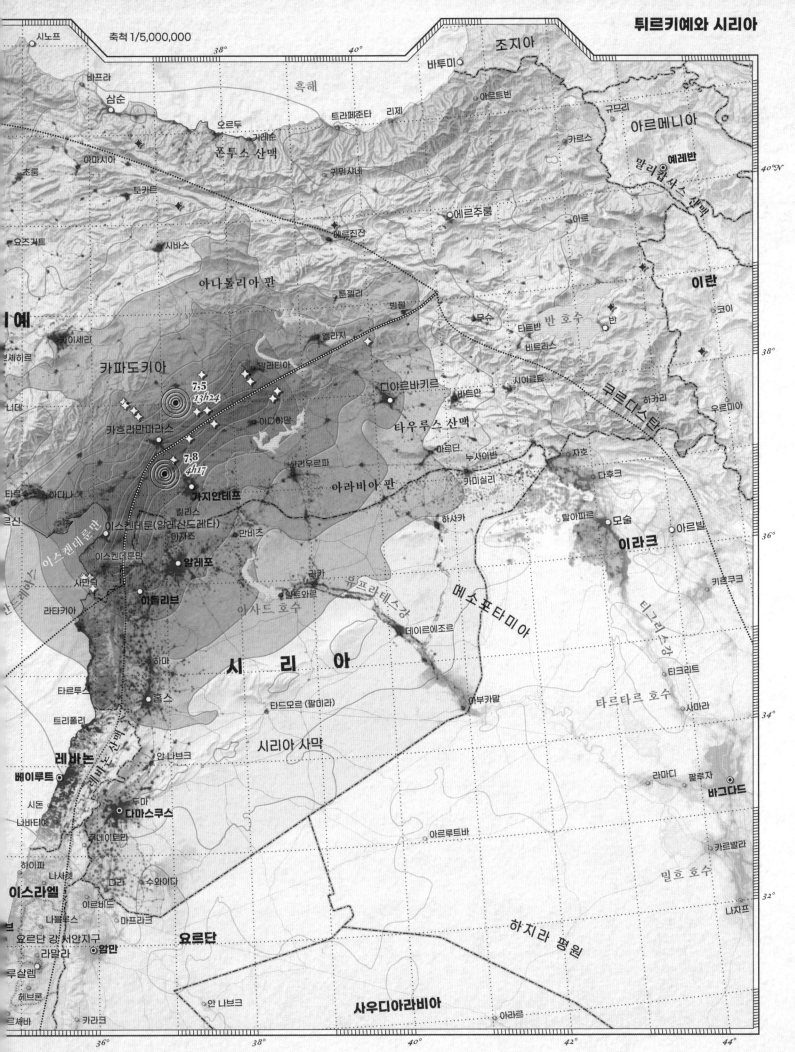

축척 1/5,000,000

시노프
바프라
삼순
오르두
기레순
트라페준타
리제
바투미
조지아
아르트빈
규므리
아르메니아
아마시아
폰투스 산맥
귀뮈샤네
카르스
예레반
초룸
토카트
에르주룸
아르
말리캅카스 산맥
요즈가트
시바스
에르진잔
이란
튼젤리
빙꼴
무슈
타트반 반 호수
반
코이
엘라지
카이세리
아나톨리아 판
디아르바키르
비트리스
시아르트
우르미아
네브셰히르
말라티아
바트만
쿠르디스탄
니데
카파도키아
7,5
13h24
아디아만
타우루스 산맥
마르딘
하카리
자호
카흐라만마라스
7,8
4h17
살리우르파
누사이빈
카미실리
다후크
모술
타르수스
아다나
가지안테프
아라비아 판
아르빌
크신
킬리스
하사카
탈아파르
이라크
이스켄데룬(알렉산드레타)
아자즈
키르쿠크
이스켄데룬만
만비즈
샤만닥
알레포
라카
유프라테스강
메소포타미아
티그리스강
라타키아
이들리브
알톤와르
아사드 호수
데이르에조르
티크리트
시
리
아
타르투스
하마
타드모르 (팔미라)
아부카말
타르타르 호수
사마라
트리폴리
홈스
시리아 사막
레바논
안 나브크
라마디
팔루자
바그다드
뻬이루트
시돈
두마
나바티에
다마스쿠스
아르루트바
카르발라
쿠네이트라
하이파
나사렛
다라
수와이다
밀흐 호수
이스라엘
이르비드
나자프
나블루스
마프라크
요르단 강 서안지구
암만
요르단
하지라 평원
라말라
루살렘
헤브론
르셰바
안 나브크
사우디아라비아
카라크
아라르

38°   40°   흑해   40°N

38°

36°

34°

32°

36°   38°   40°   42°   44°

43

2023년 7월은 기온 관측을 시작한 이래 역사상 가장 더운 달이었다. 이것은 유럽연합의 우주 프로그램인 코페르니쿠스가 내린 슬픈 결론이었다. 평균 기온 섭씨 16.95도를 기록한 2023년 7월 기온은 2019년 7월이 남긴 바로 전, 최고 기록에 비해 0.33도 높은 수치였다. 또 1991년부터 2020년까지 30년 동안 측정한 7월 평균 기온보다 0.7도, 1850년부터 1900년까지 50년 동안 측정한 7월 평균 기온보다 1.5도 높아진 결과다.

이베리아반도에서 발칸반도에 이르는 유럽 남부를 포함하여 북반구 여러 곳에서 폭염이 감지되었다. 이탈리아 사르데냐섬이 섭씨 48도로 최고 기온을 기록했으며 시칠리아섬의 팔레르모 지역이 섭씨 47도로 그 뒤를 이었다. 남아메리카 대륙과 남극 대륙에서도 평균보다 훨씬 높은 기온을 기록했다.

코페르니쿠스는 유럽연합이 1998년에 발족한 프로그램으로 ESA유럽우주국이 주도한다. 위성 편대와 지상 설비 덕분에 코페르니쿠스 프로그램은 기후 위기의 동향을 면밀히 조사할 수 있다. 이 프로그램을 통해 축적된 데이터는 특히 비

낮 평균 기온, 2023년 7월
섭씨온도

-85° -15° -10° 0° +10° +15° +20° +25° +30° +35° +55°

미국 새러토가
+53.9 ℃

북아메리카

북반구

태평양

그린란드 서밋 스테이션
-22.9

대서양

북극점

유럽

아시아

아프리카

인도양

람베
축
출처: Natural Earth

0 1 00

2023년 7월 대양의 평균 온도
섭씨온도

0   34°

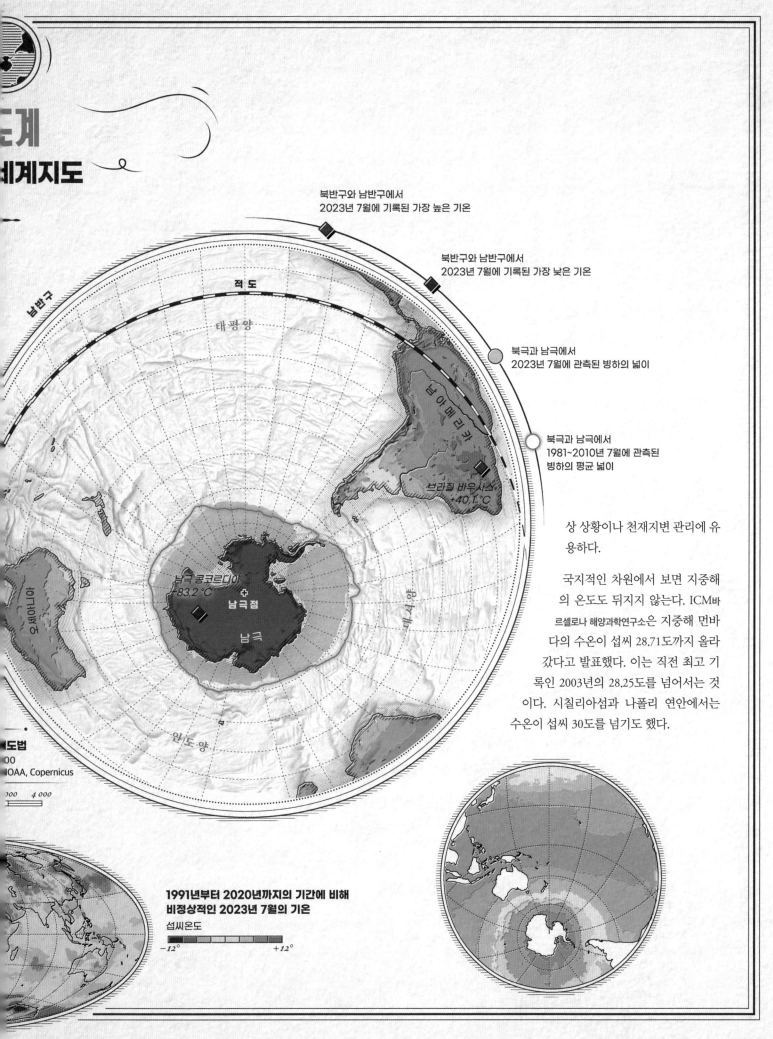

북반구와 남반구에서
2023년 7월에 기록된 가장 높은 기온

북반구와 남반구에서
2023년 7월에 기록된 가장 낮은 기온

북극과 남극에서
2023년 7월에 관측된 빙하의 넓이

북극과 남극에서
1981~2010년 7월에 관측된
빙하의 평균 넓이

남반구

적도

태평양

남아메리카

브라질 바우사스
+40.1℃

오세아니아

남극 콩코르디아
-83.2℃

남극점

남극

대서양

인도양

도법
00
NOAA, Copernicus

000   4 000

상 상황이나 천재지변 관리에 유용하다.

국지적인 차원에서 보면 지중해의 온도도 뒤지지 않는다. ICM바르셀로나 해양과학연구소은 지중해 먼바다의 수온이 섭씨 28.71도까지 올라갔다고 발표했다. 이는 직전 최고 기록인 2003년의 28.25도를 넘어서는 것이다. 시칠리아섬과 나폴리 연안에서는 수온이 섭씨 30도를 넘기도 했다.

**1991년부터 2020년까지의 기간에 비해
비정상적인 2023년 7월의 기온**

섭씨온도

−12°   +12°

지중해
점점 더 비정상적으로 더워지는 해수

도버 해협

대서양

바스케이 만

프랑스

알프스

슬로베니아
트리에스테
리에카
크로아티아

보스니아

아드리아 해

몬테

피레네산맥

리옹만

코르시카섬

이탈리아

라벤나

+3,3°
+3,7°

비스티아
+2,3°

+3,8°

서지중해

스페인
발렌시아

알리칸테

카르타헤나

발레아레스 제도

사르데냐섬

티레니아 해

+3,4°
+3,4°

발렌티아
메시나
카타차로

알메리아
말라가
알메리아

지브롤터

+4,3°

시칠리아섬

몰타

시라쿠사

리프
모로코

아틀라스 산맥

알제리

+4,3°

비제르트
튀니스

수스
마디아
스팍스
+4,4°

가베스
튀니지

리비아

정거원추도법
출처: ETOPO: Natural Earth
Data, NOAA, El Pais

0 100 200 300 400 km

표면 온도 이상
2023년 7월과 1981~2012년 평균 사이
섭씨온도

-5 ℃   0 ℃   +5 ℃

1982년 상황

1990년 상황

1998년 상황

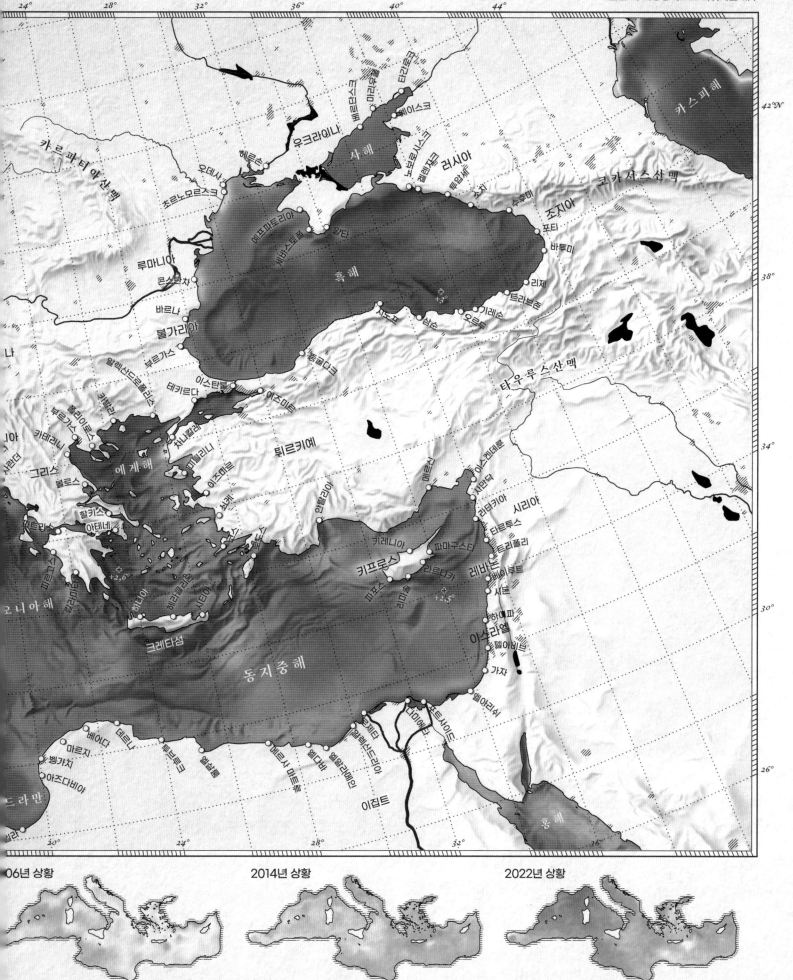

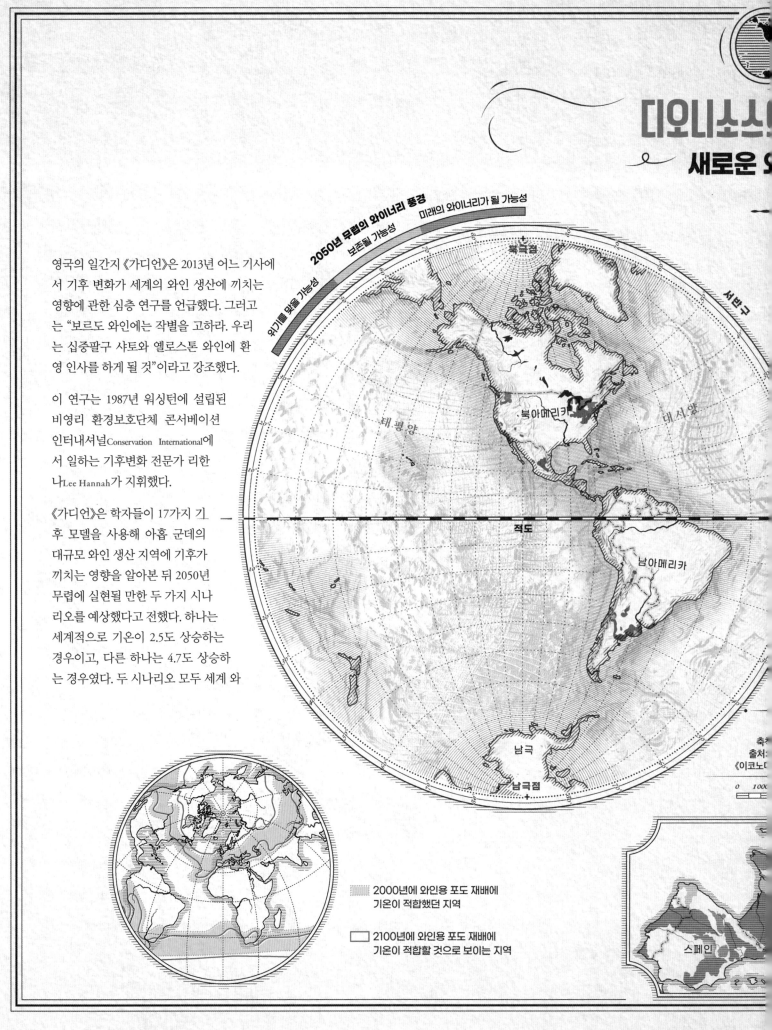

영국의 일간지 《가디언》은 2013년 어느 기사에서 기후 변화가 세계의 와인 생산에 끼치는 영향에 관한 심층 연구를 언급했다. 그러고는 "보르도 와인에는 작별을 고하라. 우리는 십중팔구 샤토와 옐로스톤 와인에 환영 인사를 하게 될 것"이라고 강조했다.

이 연구는 1987년 워싱턴에 설립된 비영리 환경보호단체 콘서베이션 인터내셔널Conservation International에서 일하는 기후변화 전문가 리한 나Lee Hannah가 지휘했다.

《가디언》은 학자들이 17가지 기후 모델을 사용해 아홉 군데의 대규모 와인 생산 지역에 기후가 끼치는 영향을 알아본 뒤 2050년 무렵에 실현될 만한 두 가지 시나리오를 예상했다고 전했다. 하나는 세계적으로 기온이 2.5도 상승하는 경우이고, 다른 하나는 4.7도 상승하는 경우였다. 두 시나리오 모두 세계 와

디오니소스의

새로운 O

2050년 무렵의 와이너리 풍경
위기를 맞을 가능성   보존될 가능성   미래의 와이너리가 될 가능성

북극점
서반구
태평양
북아메리카
대서양
적도
남아메리카
남극
남극점

2000년에 와인용 포도 재배에
기온이 적합했던 지역

2100년에 와인용 포도 재배에
기온이 적합할 것으로 보이는 지역

스페인

축척
출처:
《이코노미

0   1000

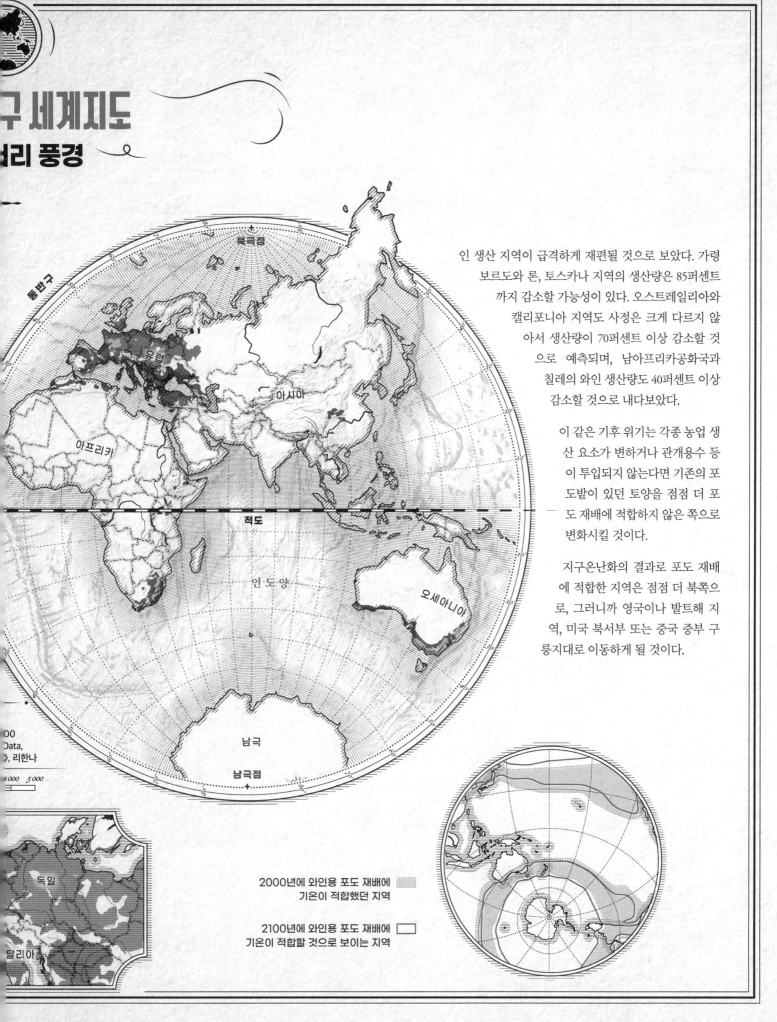

구 세계지도
서리 풍경

인 생산 지역이 급격하게 재편될 것으로 보았다. 가령 보르도와 론, 토스카나 지역의 생산량은 85퍼센트까지 감소할 가능성이 있다. 오스트레일리아와 캘리포니아 지역도 사정은 크게 다르지 않아서 생산량이 70퍼센트 이상 감소할 것으로 예측되며, 남아프리카공화국과 칠레의 와인 생산량도 40퍼센트 이상 감소할 것으로 내다보았다.

이 같은 기후 위기는 각종 농업 생산 요소가 변하거나 관개용수 등이 투입되지 않는다면 기존의 포도밭이 있던 토양을 점점 더 포도 재배에 적합하지 않은 쪽으로 변화시킬 것이다.

지구온난화의 결과로 포도 재배에 적합한 지역은 점점 더 북쪽으로, 그러니까 영국이나 발트해 지역, 미국 북서부 또는 중국 중부 구릉지대로 이동하게 될 것이다.

북극점
동반구
유럽
아시아
아프리카
적도
인도양
오세아니아
안도양
남극
남극점

독일

탈리아

2000년에 와인용 포도 재배에 기온이 적합했던 지역

2100년에 와인용 포도 재배에 기온이 적합할 것으로 보이는 지역

00
Data,
리한나

1000 5000

얼음이 모두 녹으면 지구는 어떤 모습을 띠게 될까? 2013년《내
셔널 지오그래픽》이 던진 질문이다. 육지의 얼음이 모두
녹아 그 물이 바다와 대양으로 흘러 들어간다면 해
수면의 높이는 65미터 상승한다. 따라서 대륙의
윤곽선도 다시 그려질 것이다.

빙하가 사라지는 속도가 점점 빨라지는 추
세를 두고 사람들의 우려가 커지고 있다.
이러한 추세는 최근 몇 년 사이 기후 위기
와 더불어 가속화된 것이 사실이다. 얼음
이 녹는 속도는 30년 동안 65퍼센트나
증가했다. 즉, 1990년대에는 해마다
녹는 얼음의 양이 8000억 톤이었는
데 2017년에는 1조 3000억 톤으로
늘어났다는 말이다. 인간의 산업
활동은 엄청난 양의 온실가스 배
출로 이어졌고, 이것이 지구를
뜨겁게 달구고 있다.

여기에 소개하는 반구 세계지도
는 '디지털 고도 모델' 덕분에 만
들 수 있었다. 이 모델은 세계를
그물망처럼 표현하는 데이터베이
스로, 각각의 그물눈은 육지와 해양
의 고도를 알려준다. 미국의 NOAA해
양대기청에서 고안한 MNT ETOPO 모델
이 사용되었다.

유럽에서는 베네치아, 런던 같은 몇몇 도시와
해안 농업지대가 물에 잠기게 된다. 덴마크와 네

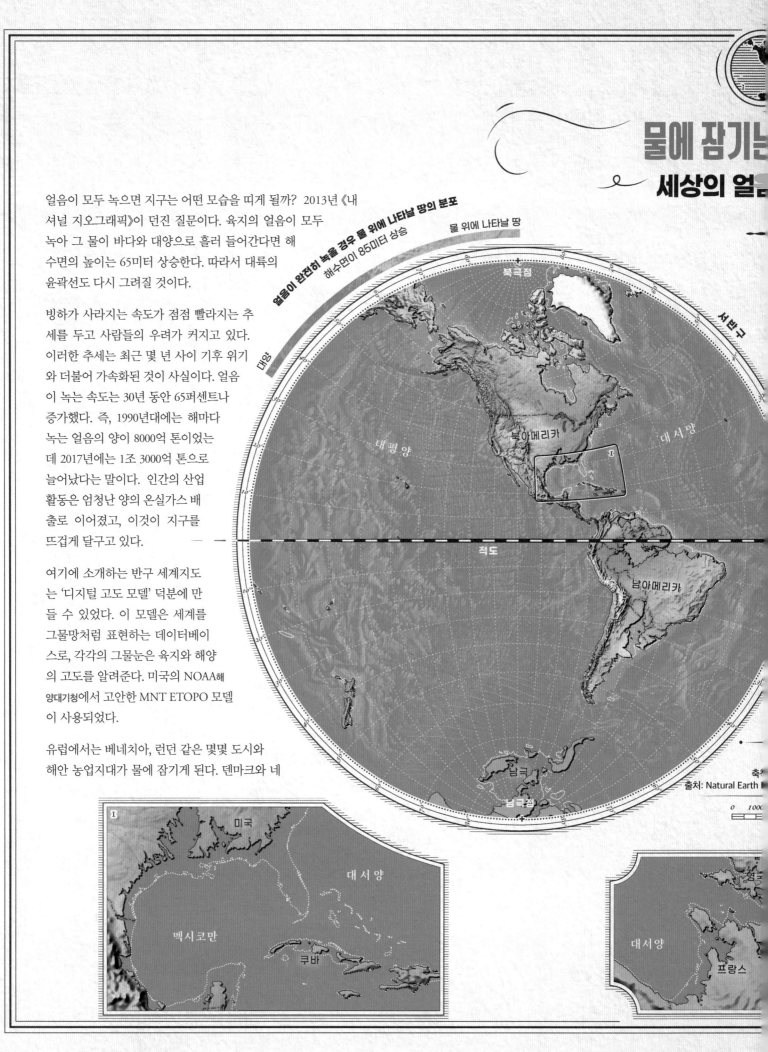

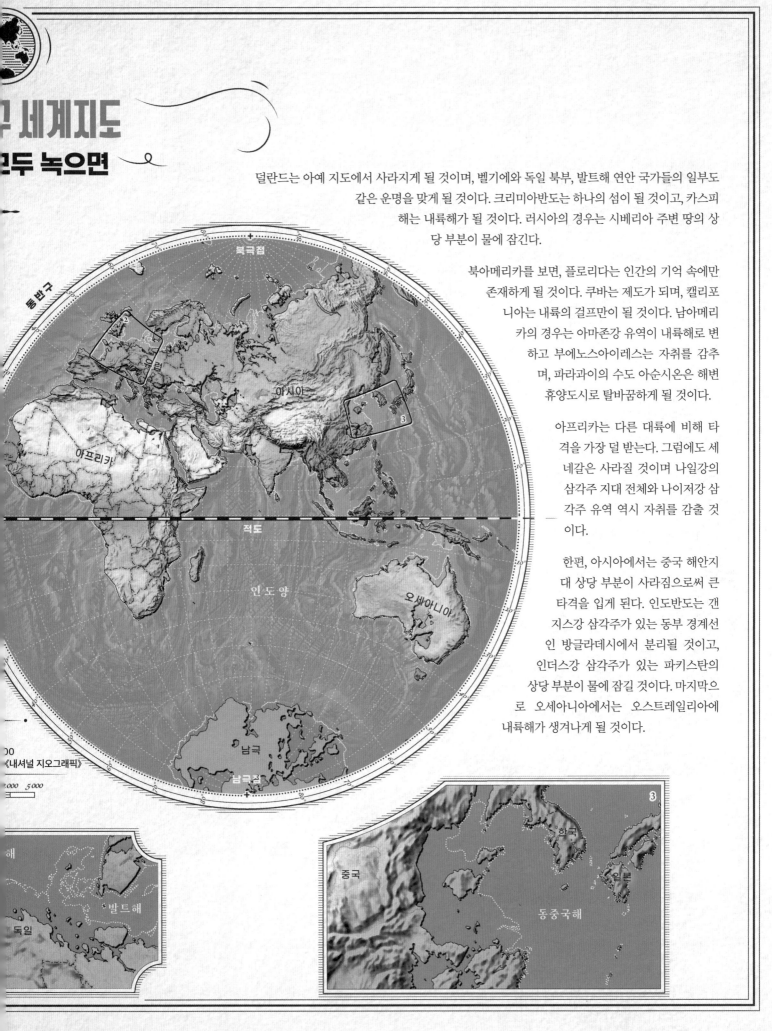

구 세계지도

?두 녹으면

덜란드는 아예 지도에서 사라지게 될 것이며, 벨기에와 독일 북부, 발트해 연안 국가들의 일부도 같은 운명을 맞게 될 것이다. 크리미아반도는 하나의 섬이 될 것이고, 카스피해는 내륙해가 될 것이다. 러시아의 경우는 시베리아 주변 땅의 상당 부분이 물에 잠긴다.

북아메리카를 보면, 플로리다는 인간의 기억 속에만 존재하게 될 것이다. 쿠바는 제도가 되며, 캘리포니아는 내륙의 걸프만이 될 것이다. 남아메리카의 경우는 아마존강 유역이 내륙해로 변하고 부에노스아이레스는 자취를 감추며, 파라과이의 수도 아순시온은 해변 휴양도시로 탈바꿈하게 될 것이다.

아프리카는 다른 대륙에 비해 타격을 가장 덜 받는다. 그럼에도 세네갈은 사라질 것이며 나일강의 삼각주 지대 전체와 나이저강 삼각주 유역 역시 자취를 감출 것이다.

한편, 아시아에서는 중국 해안지대 상당 부분이 사라짐으로써 큰 타격을 입게 된다. 인도반도는 갠지스강 삼각주가 있는 동부 경계선인 방글라데시에서 분리될 것이고, 인더스강 삼각주가 있는 파키스탄의 상당 부분이 물에 잠길 것이다. 마지막으로 오세아니아에서는 오스트레일리아에 내륙해가 생겨나게 될 것이다.

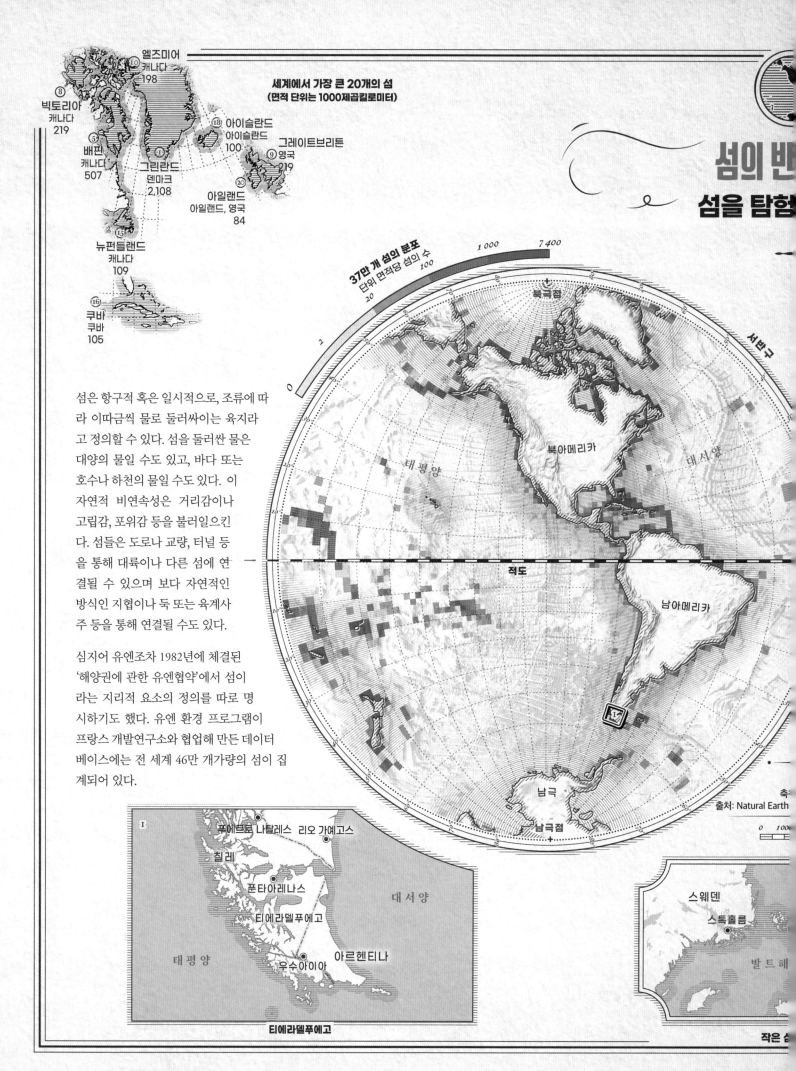

세계에서 가장 큰 20개의 섬
(면적 단위는 1000제곱킬로미터)

⑩ 엘즈미어 캐나다 198

⑧ 빅토리아 캐나다 219

⑤ 배핀 캐나다 507

그린란드 덴마크 2,108

⑱ 아이슬란드 아이슬란드 100

⑨ 그레이트브리튼 영국 219

⑳ 아일랜드 아일랜드, 영국 84

뉴펀들랜드 캐나다 109

⑯ 쿠바 쿠바 105

섬의 반
섬을 탐험

37만 개 섬의 분포
단위 면적당 섬의 수
0 2 20 100 1 000 7 400

섬은 항구적 혹은 일시적으로, 조류에 따라 이따금씩 물로 둘러싸이는 육지라고 정의할 수 있다. 섬을 둘러싼 물은 대양의 물일 수도 있고, 바다 또는 호수나 하천의 물일 수도 있다. 이 자연적 비연속성은 거리감이나 고립감, 포위감 등을 불러일으킨다. 섬들은 도로나 교량, 터널 등을 통해 대륙이나 다른 섬에 연결될 수 있으며 보다 자연적인 방식인 지협이나 둑 또는 육계사주 등을 통해 연결될 수도 있다.

심지어 유엔조차 1982년에 체결된 '해양권에 관한 유엔협약'에서 섬이라는 지리적 요소의 정의를 따로 명시하기도 했다. 유엔 환경 프로그램이 프랑스 개발연구소와 협업해 만든 데이터베이스에는 전 세계 46만 개가량의 섬이 집계되어 있다.

북극점

서반구

북아메리카

태평양

대서양

적도

남아메리카

남극

남극점

축
출처: Natural Earth

0 100

I
푸에르토 나탈레스 리오 가예고스
칠레
푼타아레나스
티에라델푸에고
대서양
태평양
아르헨티나
우수아이아

티에라델푸에고

스웨덴
스톡홀름
발트해

작은 섬

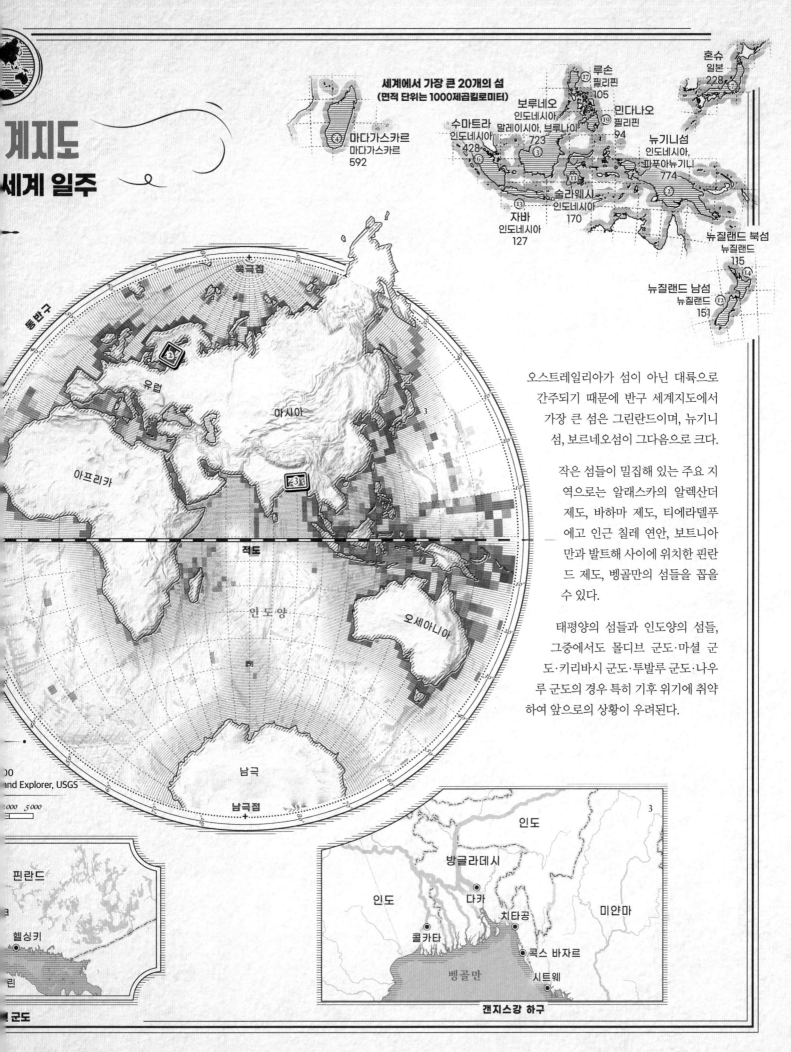

계지도

세계 일주

세계에서 가장 큰 20개의 섬
(면적 단위는 1000제곱킬로미터)

마다가스카르
마다가스카르
592

루손
필리핀
105

혼슈
일본
228

보루네오
인도네시아,
말레이시아, 브루나이
723

수마트라
인도네시아
428

민다나오
필리핀
94

뉴기니섬
인도네시아,
파푸아뉴기니
774

술라웨시
인도네시아
170

자바
인도네시아
127

뉴질랜드 북섬
뉴질랜드
115

뉴질랜드 남섬
뉴질랜드
151

동반구

북극점

유럽

아시아

아프리카

적도

인도양

오세아니아

남극

남극점

00
Land Explorer, USGS

2 000   5 000

오스트레일리아가 섬이 아닌 대륙으로 간주되기 때문에 반구 세계지도에서 가장 큰 섬은 그린란드이며, 뉴기니섬, 보르네오섬이 그다음으로 크다.

작은 섬들이 밀집해 있는 주요 지역으로는 알래스카의 알렉산더 제도, 바하마 제도, 티에라델푸에고 인근 칠레 연안, 보트니아만과 발트해 사이에 위치한 핀란드 제도, 벵골만의 섬들을 꼽을 수 있다.

태평양의 섬들과 인도양의 섬들, 그중에서도 몰디브 군도·마셜 군도·키리바시 군도·투발루 군도·나우루 군도의 경우 특히 기후 위기에 취약하여 앞으로의 상황이 우려된다.

핀란드

헬싱키

군도

인도

방글라데시

인도

다카

치타공

미얀마

콜카타

콕스 바자르

벵골만

시트웨

갠지스강 하구

53

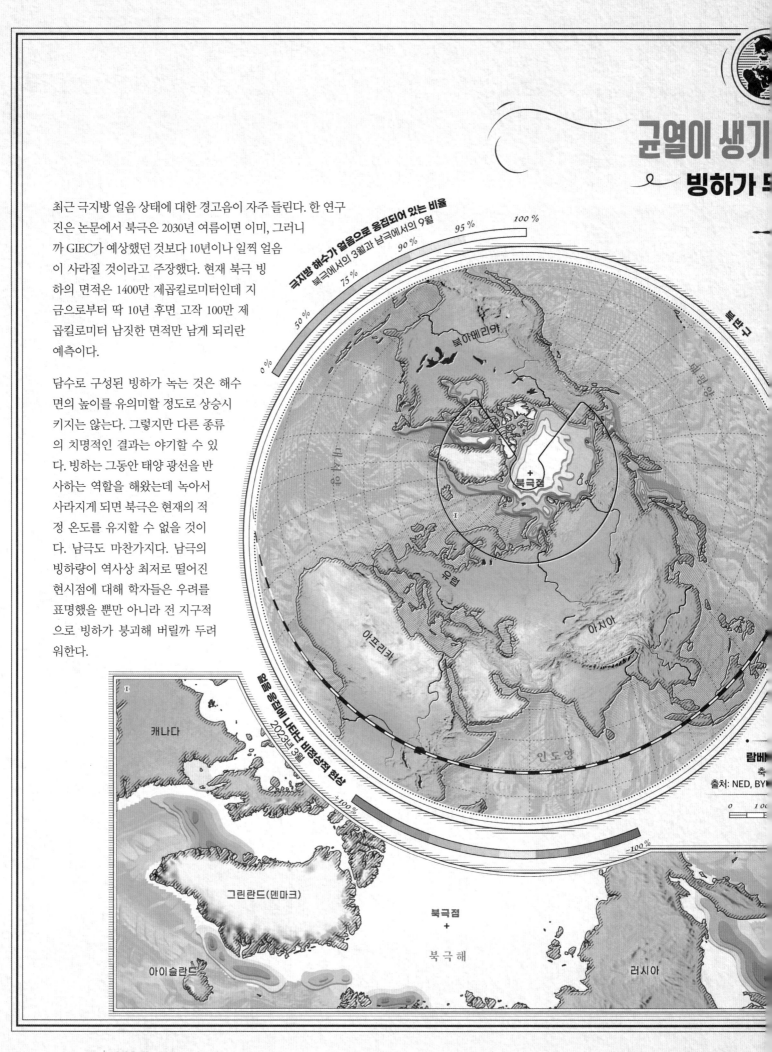

빙하가 되

최근 극지방 얼음 상태에 대한 경고음이 자주 들린다. 한 연구진은 논문에서 북극은 2030년 여름이면 이미, 그러니까 GIEC가 예상했던 것보다 10년이나 일찍 얼음이 사라질 것이라고 주장했다. 현재 북극 빙하의 면적은 1400만 제곱킬로미터인데 지금으로부터 딱 10년 후면 고작 100만 제곱킬로미터 남짓한 면적만 남게 되리란 예측이다.

담수로 구성된 빙하가 녹는 것은 해수면의 높이를 유의미할 정도로 상승시키지는 않는다. 그렇지만 다른 종류의 치명적인 결과는 야기할 수 있다. 빙하는 그동안 태양 광선을 반사하는 역할을 해왔는데 녹아서 사라지게 되면 북극은 현재의 적정 온도를 유지할 수 없을 것이다. 남극도 마찬가지다. 남극의 빙하량이 역사상 최저로 떨어진 현시점에 대해 학자들은 우려를 표명했을 뿐만 아니라 전 지구적으로 빙하가 붕괴해 버릴까 두려워한다.

극지방 해수가 얼음으로 응집되어 있는 비율
북극에서의 3월과 남극에서의 9월

0 % 50 % 75 % 90 % 95 % 100 %

북아메리카

북극점 +

I

대서양 유럽 아시아

아프리카 인도양

태평양 남반구

캐나다

그린란드(덴마크)

아이슬란드

I

빙하 융해에 나타난 비정상적 현상
2023년 3월

+100%

−100%

북극점 +

북극 해

러시아

람베

축

출처: NED, BY

0 1 00

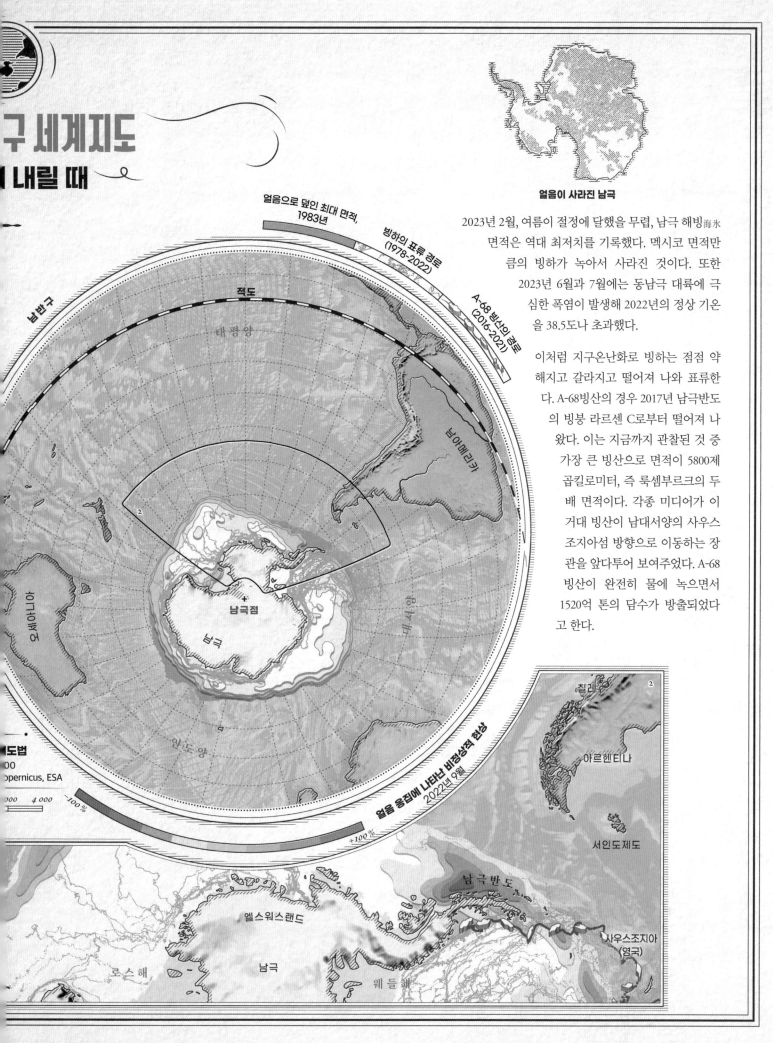

구 세계지도

내릴 때

얼음이 사라진 남극

2023년 2월, 여름이 절정에 달했을 무렵, 남극 해빙海氷 면적은 역대 최저치를 기록했다. 멕시코 면적만큼의 빙하가 녹아서 사라진 것이다. 또한 2023년 6월과 7월에는 동남극 대륙에 극심한 폭염이 발생해 2022년의 정상 기온을 38.5도나 초과했다.

이처럼 지구온난화로 빙하는 점점 약해지고 갈라지고 떨어져 나와 표류한다. A-68빙산의 경우 2017년 남극반도의 빙붕 라르센 C로부터 떨어져 나왔다. 이는 지금까지 관찰된 것 중 가장 큰 빙산으로 면적이 5800제곱킬로미터, 즉 룩셈부르크의 두 배 면적이다. 각종 미디어가 이 거대 빙산이 남대서양의 사우스조지아섬 방향으로 이동하는 장관을 앞다투어 보여주었다. A-68 빙산이 완전히 물에 녹으면서 1520억 톤의 담수가 방출되었다고 한다.

얼음으로 덮인 최대 면적, 1983년

빙하의 표류 경로 (1978-2022)

A-68 빙산의 경로 (2016-2021)

남반구

적도

태평양

남아메리카

오세아니아

남극점 +

남극

대서양

인도양

얼음 응집에 나타난 비정상적 현상 2022년 9월

-100 %

+100 %

도법
000
opernicus, ESA

000 4 000

칠레

아르헨티나

서인도제도

남극반도

사우스조지아 (영국)

엘스워스랜드

로스해

남극

웨들해

Mer de Bering

Alaska
+
6 194

Mer du Lab...

CANADA

2 ⊠ 070
Pacifique

ÉTATS-UNIS
4421
+
-86 +
Rocheuses

Appalaches

Océan Atlantique

MAROC

MAURITANIE

MALI
Sahel

SÉNÉGAL

BURKINA FA...

GUINÉE

NIG

CÔTE D'IVOIRE

TOGO

CA

MEXIQUE

CUBA
BELIZE HAÏTI
GUATEMALA
NICARAGUA   Mer des Antilles
COSTA-RICA   VENEZUELA
2070 + GUYANA
COLOMBIE

Golfe de Guinée

NULL ISLAN
00° 00' 00"
00° 00' 00"

Equateur

BRÉSIL

PÉROU

Amazonie

Polynésie

BOLIVIE

PARAGUAY

Andes
ARGENTINE
+
6 959   URUGUAY

+
-40

CHILI

Terre de Feu

ANTARCTIQUE

Pôle Sud

+

2

지구 주민들의 맥을 짚어보는 반구 세계지도

80억 명이 사는데 지구는 단 하나

델핀 파팽·프란체스카 파토리

> "역사가 시간 속에서의 지리인 것처럼,
> 지리는 공간 속에서의 역사다."
>
> 엘리제 르클뤼, 『인간과 대지L'Homme et la Terre』, 1905년

11년. 10억 명이 더해져 지구 인구가 80억 명이 되는 데는 불과 11년밖에 걸리지 않았다. 처음 10억 명에 도달한 때가 1803년이었고, 20억 명은 1927년, 40억 명은 1974년, 그리고 마침내 2022년 11월, 전 세계 인구가 80억 명을 돌파했으니 확실히 인구 증가 속도가 빨라지고 있다. 80억 명이면 많은 걸까? 서로의 어깨가 맞닿도록 딱 붙어 선다면, 80억 명이라고 해봐야 지구상에서 로스앤젤레스 정도의 면적만 차지한다. 그러니 중요한 건 인구가 몇 명인지가 아니라 그 사람들이 어떻게 살아가는가 하는 것이다. 이런 관점에서 볼 때, 미국의 비정부단체 글로벌 생태 발자국 네트워크Global Footprint Network가 제안한 '지

구 생태용량 초과의 날Jour de dépassement de la Terre'이라는 개념은 우리에게 많은 것을 시사한다. 모든 사람이 자메이카인과 같은 생태발자국을 남긴다면, 인류는 지구가 1년 동안 제공할 수 있는 자원을 12월 20일에 모두 소진할 것이다. 그런데 지구에 사는 사람들 각자의 생활 방식과 소비 패턴을 고려할 경우, 우리는 8월 2일부터는 미래의 자원을 끌어다 쓰는 것과 같다! 이 말은 이 날짜에 이미 인류는 지구가 생산할 수 있는 천연자원의 양보다 더 많은 자원을 소비했으며, 인류의 활동으로 한 해 동안 지구가 흡수할 수 있는 양에 비해 더 많은 온실가스를 배출했다는 뜻이다. 이 문제에 대한 책임은 각국의 생활 방식과 소비 패턴에 따라 달라진다. 가령 카타르의 연간 가용자원 평균치는 2월 10일에, 프랑스와 에콰도르는 각각 5월 5일과 12월 6일에 바닥이 나는 식이다.

지구의 자원을 마구잡이로 갈취하는 인간의 능력이 사실 새로울 건 없다. 이 능력은 인간에게 이미 내재되어 있었다. 처음 지구에 출현했을 때부터 인간은 풍경을 바꾸는 강력한 주체로 행동해 왔다. 물론 처음엔 환경을 변화시키기보다 순종하는 편이었다. 하지만 인간은 날이 갈수록 생존 논리를 조직해 나갔다. 농업과 목축을 시작하면서 인간은 자신이 속한 자연 생태계를 제어할 수 있게 되었다. 숲을 개간하고 가축 떼를 풀어놓을 수 있는 초지를 정비하고 화전을 일구기 시작한 것이다. 이러한 활동을 통해서 지구 환경을 통제하고 변화시키려는 인간의 의지와 능력이 생겨났다.

생존을 위해서 인간은 집단을 이루어야 할 필요성을 느꼈다. 인간이 사회적 동물인 것은 강하면서 동시에 나약하기 때문이다. 계속해서 살아남기 위해서는 끊임없이 전진해야 했다. 불과 언어를 획득할 뿐만 아니라, 예술과 영성, 의학 등을 발명해 낸 인간은 마을과 도시, 나아가서 국가를 건설했으며, 화폐를 만들어 교환 거래를 발전시켰다. 인간은 각 시대마다, 중요한 문명마다 삶의 조건을 향상시켰는데 이는 자신을 둘러싼 환경에 압박을 가하는 것이기도 했다. 도시를 건설하면서 대륙은 물론 대양을 가로질러 가면서까지 도로망을 확장시키고, 철도를 발명한 이후에도 조금 더 멀리, 조금 더 빨리 가기 위해 비행기까지 고안해 내는 과정은 곧 환경 파괴로 이어졌다.

인간은 지능 덕분에 춥거나 더워도, 습하거나 건조해도, 바다 가까운 곳에서나 산으로 둘러싸인 곳에서나, 요컨대 어떤 환경에서도 항상 적응하고 살아남았다. 하지만 인간이 자신의 능력을 늘 자신을 위해서 혹은 지구를 위해서 사용한 건 아니다. 권력과 영토에 대한 멈추지 않는 탐욕은 인간을 모든 종들 가운데에서 으뜸가는 포식자로 만들었으며, 포식자가 된 인간은 자원을 고갈시키고 환경을 피폐하게 만들고 있다. 인간 자신이 살아남기 위해서는 온전하게 보존된 환경이 필요한데도 말이다.

~

지난 두 세기 동안 인류 문명은 믿을 수 없을 정도로 진보했다. 동시에 그것은 오늘날 우리가 겪고 있는 생태 위기를 초래했다. 산업혁명은 북반구 국가들의 경제와 사회, 생활을 송두리째 바꾸어놓았다. 1769년에 제임스 와트James Watt가 증기기관을 발명하면서 인간은 동물의 힘을 대체할 수 있는 훨씬 효율적인 수단을 손에 넣었다. 한편 기존 에너지원이었던 장작은 석탄에 자리를 내주었고, 이를 통해 야금술이 급속도로 발전했다. 1차 산업혁명이 그랬듯이 19세기 후반의 2차 산업혁명 또한 에너지 생산량 증가, 전기 개발이라는 성과를 거뒀다. 석유가 출현한 것도 이 무렵이다.

경제의 모든 부문이 이러한 혁신의 혜택을 누렸다. 기계 제조는 1850년경 새로운 산업, 즉 기계 공업을 탄생시켰다. 기술 진보가 제품의 수익성과 생산성을 향상시키자 가격 하락과 생산량 증가라는 결과를 가져왔다. 농업 분야도 한결 효율적으로 발전했다. 변덕스러운 기상 조건에 대응할 수 있게 되었다. 한편 도시화가 가속화되면서 소비도 늘어났다. 위생과 의학의 발전으로 인간의 기대수명은 계속 연장되고 있다.

서구인들은 식민지 정복을 통해 다른 모든 대륙의 주민들에게도 이러한 진보
와 그 이상의 무엇을 강요하려 했다. 그 결과, 오늘날 우리가 다 알듯이 진보만
이룩한 것이 아니라 그에 따르는 한계까지도 고스란히 껴안게 되었다.

~

마지막으로 주목할 만한 가장 최신의 혁명은 인터넷 혁명이다. 이 신기술의 출
현과 이에 따라 중단 없이 상승곡선을 그리는 인터넷 네트워크 접속량 증가는
지구를 초연결 사회로 만들었다. 혁명 초기 슈퍼컴퓨터가 생
산 체계를 정보화하고 성능을 향상시켰다면, 그 뒤
를 이어 자기들끼리 네트워크를 만들어 누
구나 접속 가능하게 해주는 마이크로
컴퓨터가 등장했다. 그로부터 태
어난 월드와이드웹은 2021년
을 기준으로 연결된 기기만
117억 대를 자랑한다. 이는
지구상에 사는 주민의 수
보다 훨씬 많은 숫자다.
유럽에서는 오늘날 일
상적인 활동의 거의 전
부가 인터넷을 통해서
이루어진다. 인터넷 세
상에선 클릭 몇 번이면
지구 반대편에 사는 사람
과도 소통이 가능하다.

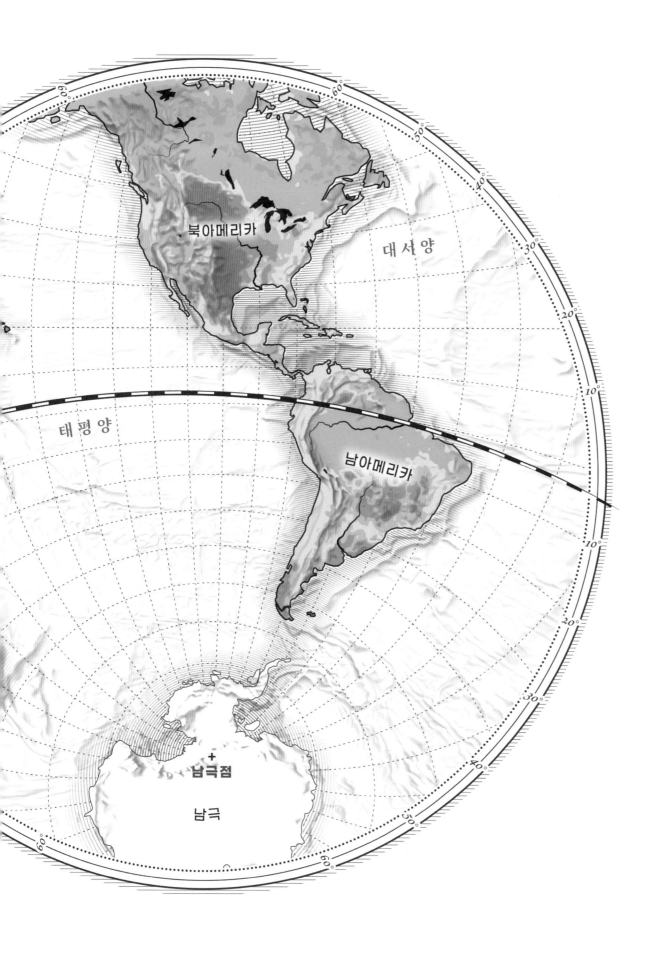

북아메리카

대서양

태평양

남아메리카

남극점

남극

게다가 오늘날 우리에게 스마트폰 없는 세상은 상상도 할 수 없다. 그런데 우리는 과연 스마트폰의 사용이 환경에 미치는 영향을 제대로 알고 있을까? 프랑스 환경에너지관리청에 따르면 한 통의 이메일은 이산화탄소 4그램을 발생시키는데, 거기에 첨부파일이라도 더해지면 배출량은 그보다 6배 많아진다! 1년 동안 매일 한 시간씩 스트리밍 웹사이트에 머물 경우, 자동차로 100킬로미터 넘게 주행할 때와 같은 양인 25킬로그램의 이산화탄소가 발생한다. 아무리 '가상적'이라고 해도, 우리의 인터넷 사용은 지구에 대단히 실제적인 영향을 끼친다.

또한 속도 경쟁을 벌이는 과정에서 인터넷 혁명은 새로운 지리적 공간을 잠식해 나간다. 지구 어디에서도, 인터넷으로부터 자유롭지 않다. 우선 지구의 심해에는 전 세계 커뮤니케이션의 98퍼센트를 책임지는 광케이블망이 깔려 있다. 그리고 과거엔 초강대국들만 차지했던 우주 공간에는 수많은 민간업자들까지 '어디에서나 연결 가능함'을 위해 위성을 쏘아올리는 실정이다.

그러나 연결이 늘어난다는 건 곧 전기 소비 증가, 그 전기를 생산하기 위한 에너지 소비 증가, 천연자원 채굴 증가, 쓰레기 증가 등을 뜻한다. 이러한 악순환은 절대 끝나지 않을 것처럼 보인다.

2022년 11월, 유엔은 세계 인구가 2010년보다 10억 명 늘어나 80억 명을 넘어섰다고 밝혔다. 지구 인구는 1700년에 6억 5000명이었다가 1800년에는 10억 명, 1900년에는 17억 명, 2000년에는 61억 명으로 불어났다.

2023년 새로 발표된 한 연구에서 유엔은 세계 인구가 2050년이면 97억 명으로 증가하고, 2080년에 104억 명으로 정점을 찍은 후, 이번 세기 말경 약간 감소하는 경향을 보이게 되리라고 전망했다. 전 인류의 세 명 가운데 한 명은 아프리카 대륙에 거주하고, 인구가 가장 큰 폭으로 늘어날 나라는 파키스탄과 나이지리아, 인도가 될 것이다. 인도의 인구는 2023년 봄 이후에 14억 2000만 명을 넘어서 중국을 제치고 세계에서 인구가 가장 많은 나라로 등극했다.

일부 인구학자들은 세계 인구 감소가 예정보다 다소 일찍, 이번 세기 중반부터 시작될 것이라고 내다보기도 한다. 1960년대만 해도 연간 인구증가율이 2퍼센트를 넘은 반면, 2020년엔 1퍼센트에도 못 미쳤기 때문이다.

인구 밀도
제곱킬로미터당 주민 수, 2020년
25 100 500 Max

2

북극점

서반구

태평양

북아메리카

대서양

적도

남아메리카

남극

남극점

축척
출처: Natural E

0 1000

뉴저지

뉴욕

롱아일랜드

대서양

해상도 400미터의
육각형 단위 면적당 주민 수
(단위 천 명)
0 0,250 1 5 15 34

이블린

오드선

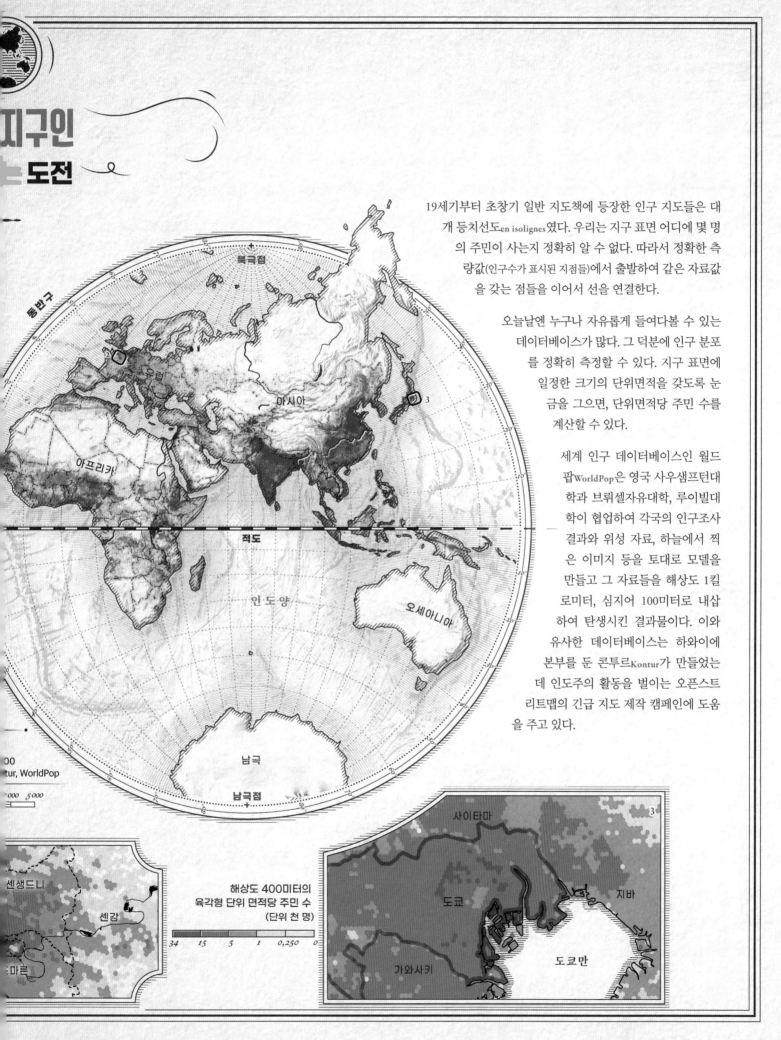

지구인

도전

19세기부터 초창기 일반 지도책에 등장한 인구 지도들은 대개 등치선도en isolignes였다. 우리는 지구 표면 어디에 몇 명의 주민이 사는지 정확히 알 수 없다. 따라서 정확한 측량값(인구수가 표시된 지점들)에서 출발하여 같은 자료값을 갖는 점들을 이어서 선을 연결한다.

오늘날엔 누구나 자유롭게 들여다볼 수 있는 데이터베이스가 많다. 그 덕분에 인구 분포를 정확히 측정할 수 있다. 지구 표면에 일정한 크기의 단위면적을 갖도록 눈금을 그으면, 단위면적당 주민 수를 계산할 수 있다.

세계 인구 데이터베이스인 월드팝WorldPop은 영국 사우샘프턴대학과 브뤼셀자유대학, 루이빌대학이 협업하여 각국의 인구조사 결과와 위성 자료, 하늘에서 찍은 이미지 등을 토대로 모델을 만들고 그 자료들을 해상도 1킬로미터, 심지어 100미터로 내삽하여 탄생시킨 결과물이다. 이와 유사한 데이터베이스는 하와이에 본부를 둔 콘투르Kontur가 만들었는데 인도주의 활동을 벌이는 오픈스트리트맵의 긴급 지도 제작 캠페인에 도움을 주고 있다.

북극점

동반구

유럽

아시아

아프리카

적도

인도양

오세아니아

남극

남극점

tur, WorldPop

000   5 000

센생드니

센강

마른

해상도 400미터의
육각형 단위 면적당 주민 수
(단위 천 명)

34   15   5   1   0,250   0

사이타마

도쿄

지바

가와사키

도쿄만

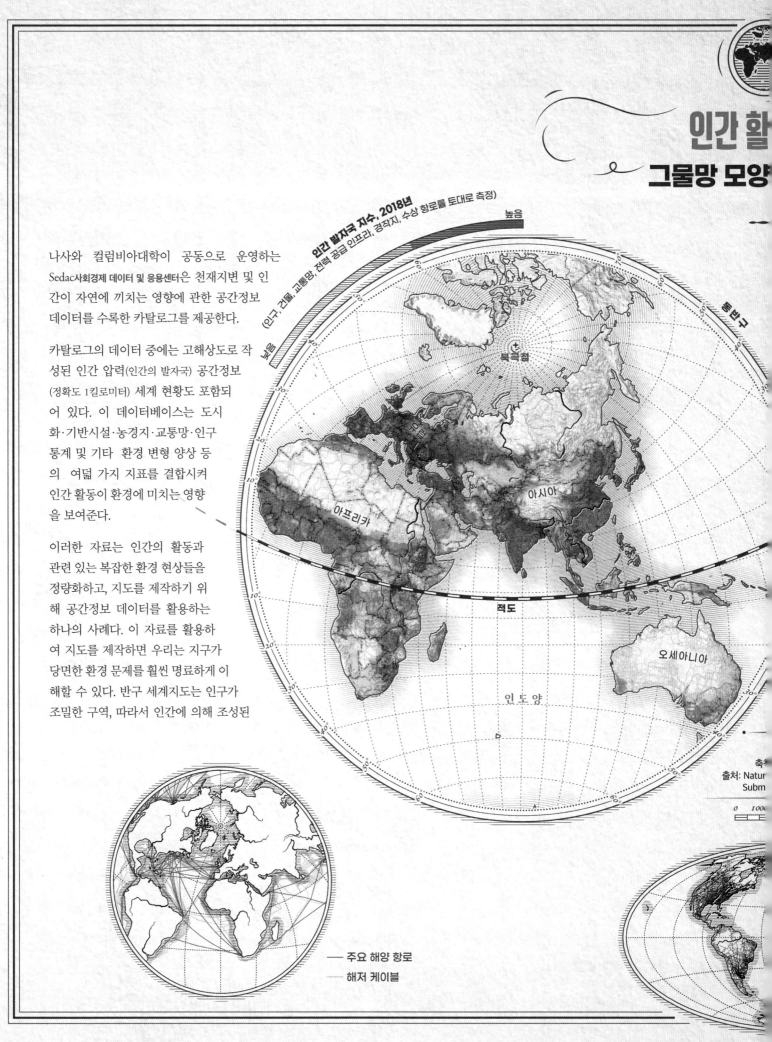

나사와 컬럼비아대학이 공동으로 운영하는 Sedac사회경제 데이터 및 응용센터은 천재지변 및 인간이 자연에 끼치는 영향에 관한 공간정보 데이터를 수록한 카탈로그를 제공한다.

카탈로그의 데이터 중에는 고해상도로 작성된 인간 압력(인간의 발자국) 공간정보 (정확도 1킬로미터) 세계 현황도 포함되어 있다. 이 데이터베이스는 도시화·기반시설·농경지·교통망·인구통계 및 기타 환경 변형 양상 등의 여덟 가지 지표를 결합시켜 인간 활동이 환경에 미치는 영향을 보여준다.

이러한 자료는 인간의 활동과 관련 있는 복잡한 환경 현상들을 정량화하고, 지도를 제작하기 위해 공간정보 데이터를 활용하는 하나의 사례다. 이 자료를 활용하여 지도를 제작하면 우리는 지구가 당면한 환경 문제를 훨씬 명료하게 이해할 수 있다. 반구 세계지도는 인구가 조밀한 구역, 따라서 인간에 의해 조성된

인간 발자국 지수, 2018년
(인구, 건물, 교통망, 전력 공급 인프라, 경작지, 수상 항로를 토대로 측정)

높음

낮음

동반구

북극점

유럽

아시아

아프리카

적도

인도양

오세아니아

축척

출처: Natur
Subm

0   1000

— 주요 해양 항로

— 해저 케이블

트워크
구 세계지도

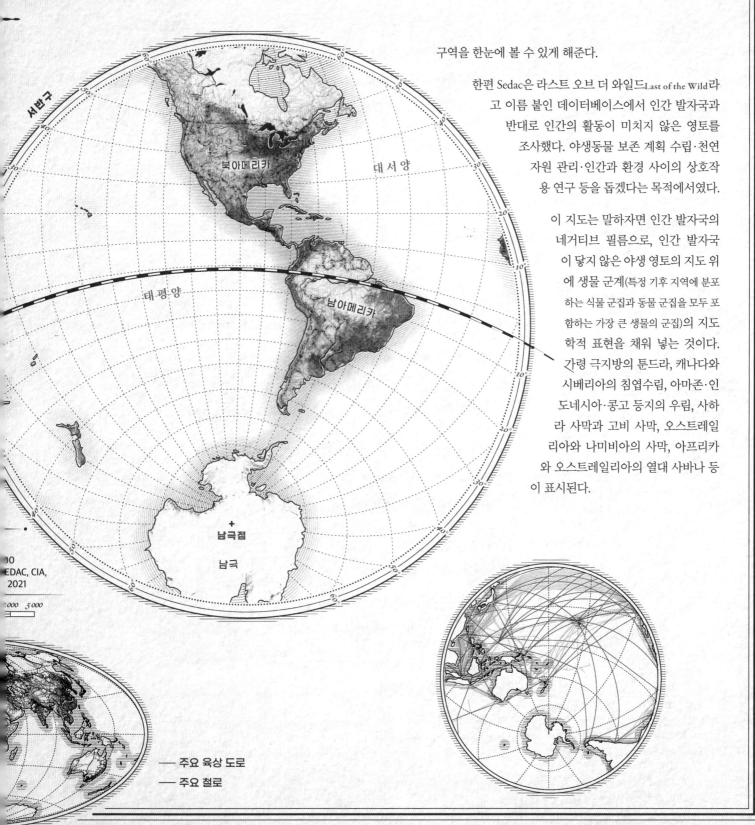

00
EDAC, CIA,
2021

000 5 000

구역을 한눈에 볼 수 있게 해준다.

한편 Sedac은 라스트 오브 더 와일드Last of the Wild라고 이름 붙인 데이터베이스에서 인간 발자국과 반대로 인간의 활동이 미치지 않은 영토를 조사했다. 야생동물 보존 계획 수립·천연자원 관리·인간과 환경 사이의 상호작용 연구 등을 돕겠다는 목적에서였다.

이 지도는 말하자면 인간 발자국의 네거티브 필름으로, 인간 발자국이 닿지 않은 야생 영토의 지도 위에 생물 군계(특정 기후 지역에 분포하는 식물 군집과 동물 군집을 모두 포함하는 가장 큰 생물의 군집)의 지도학적 표현을 채워 넣는 것이다. 가령 극지방의 툰드라, 캐나다와 시베리아의 침엽수림, 아마존·인도네시아·콩고 등지의 우림, 사하라 사막과 고비 사막, 오스트레일리아와 나미비아의 사막, 아프리카와 오스트레일리아의 열대 사바나 등이 표시된다.

— 주요 육상 도로
— 주요 철로

67

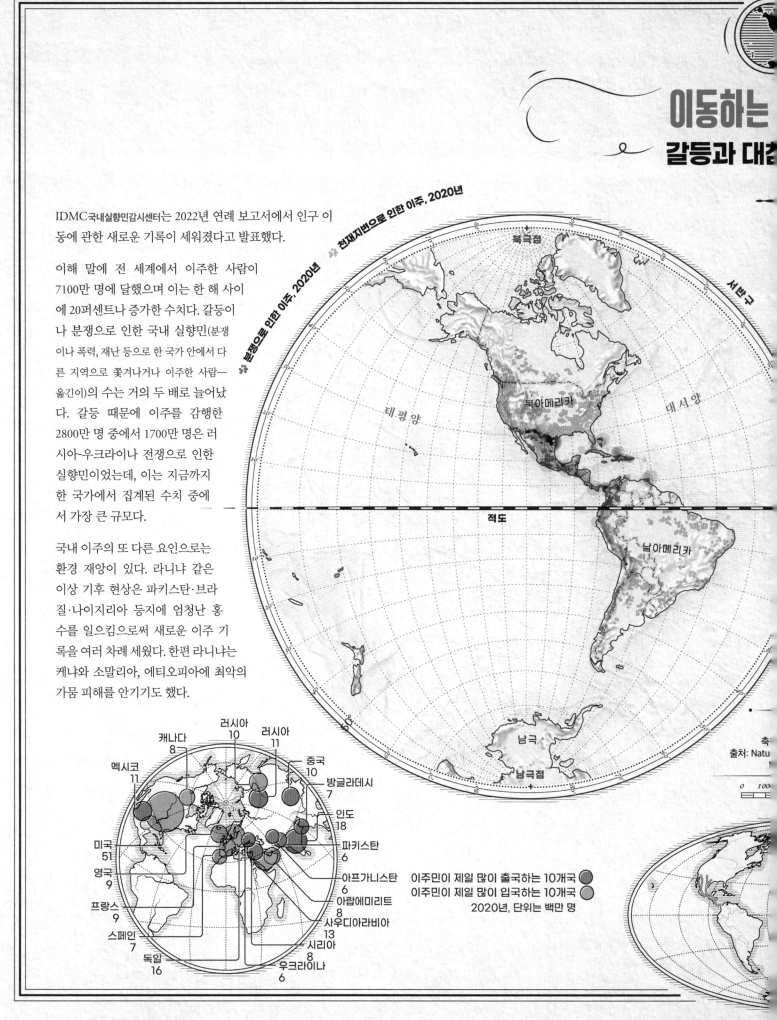

IDMC국내실향민감시센터는 2022년 연례 보고서에서 인구 이동에 관한 새로운 기록이 세워졌다고 발표했다.

이해 말에 전 세계에서 이주한 사람이 7100만 명에 달했으며 이는 한 해 사이에 20퍼센트나 증가한 수치다. 갈등이나 분쟁으로 인한 국내 실향민(분쟁이나 폭력, 재난 등으로 한 국가 안에서 다른 지역으로 쫓겨나거나 이주한 사람—옮긴이)의 수는 거의 두 배로 늘어났다. 갈등 때문에 이주를 감행한 2800만 명 중에서 1700만 명은 러시아-우크라이나 전쟁으로 인한 실향민이었는데, 이는 지금까지 한 국가에서 집계된 수치 중에서 가장 큰 규모다.

국내 이주의 또 다른 요인으로는 환경 재앙이 있다. 라니냐 같은 이상 기후 현상은 파키스탄·브라질·나이지리아 등지에 엄청난 홍수를 일으킴으로써 새로운 이주 기록을 여러 차례 세웠다. 한편 라니냐는 케냐와 소말리아, 에티오피아에 최악의 가뭄 피해를 안기기도 했다.

분쟁으로 인한 이주, 2020년

천재지변으로 인한 이주, 2020년

북극점

서반구

태평양

북아메리카

대서양

적도

남아메리카

남극

남극점

축
출처: Natu

0   100

이주민이 제일 많이 출국하는 10개국

이주민이 제일 많이 입국하는 10개국

2020년, 단위는 백만 명

캐나다 8
러시아 10
러시아 11
중국 10
방글라데시 7
인도 18
파키스탄 6
아프가니스탄 6
아랍에미리트 6
사우디아라비아 13
시리아 8
우크라이나 6
멕시코 11
미국 51
영국 9
프랑스 9
스페인 7
독일 16

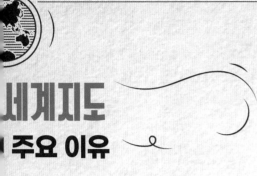

세계지도

주요 이유

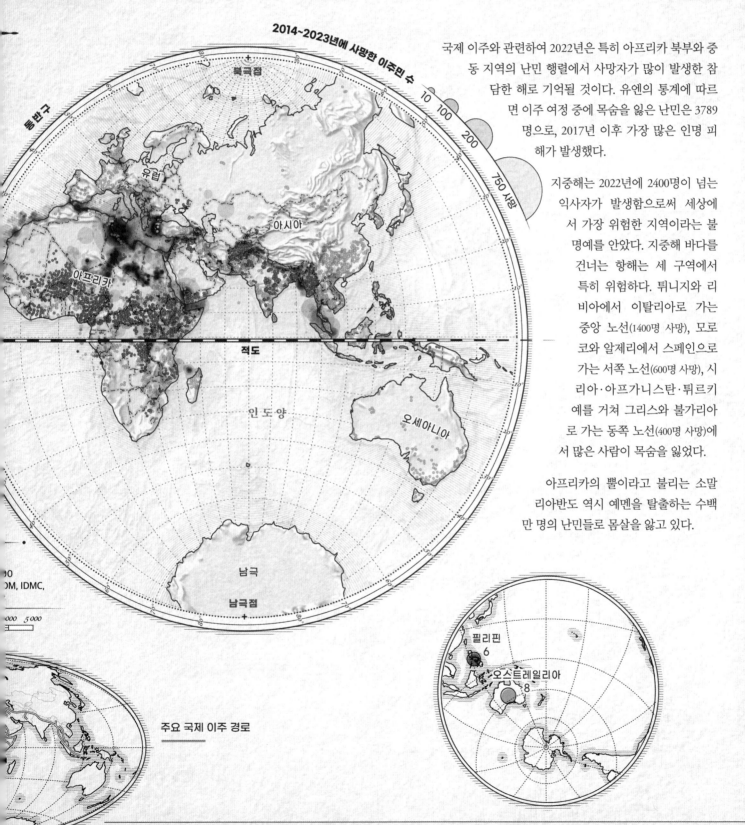

2014~2023년에 사망한 이주민 수

10 100 200 750 사망

- 북극점
- 동반구
- 유럽
- 아시아
- 아프리카
- 적도
- 인도양
- 오세아니아
- 남극
- 남극점

OM, IDMC,

000 5 000

주요 국제 이주 경로

필리핀 6
오스트레일리아 8

국제 이주와 관련하여 2022년은 특히 아프리카 북부와 중동 지역의 난민 행렬에서 사망자가 많이 발생한 참담한 해로 기억될 것이다. 유엔의 통계에 따르면 이주 여정 중에 목숨을 잃은 난민은 3789명으로, 2017년 이후 가장 많은 인명 피해가 발생했다.

지중해는 2022년에 2400명이 넘는 익사자가 발생함으로써 세상에서 가장 위험한 지역이라는 불명예를 안았다. 지중해 바다를 건너는 항해는 세 구역에서 특히 위험하다. 튀니지와 리비아에서 이탈리아로 가는 중앙 노선(1400명 사망), 모로코와 알제리에서 스페인으로 가는 서쪽 노선(600명 사망), 시리아·아프가니스탄·튀르키예를 거쳐 그리스와 불가리아로 가는 동쪽 노선(400명 사망)에서 많은 사람이 목숨을 잃었다.

아프리카의 뿔이라고 불리는 소말리아반도 역시 예멘을 탈출하는 수백만 명의 난민들로 몸살을 앓고 있다.

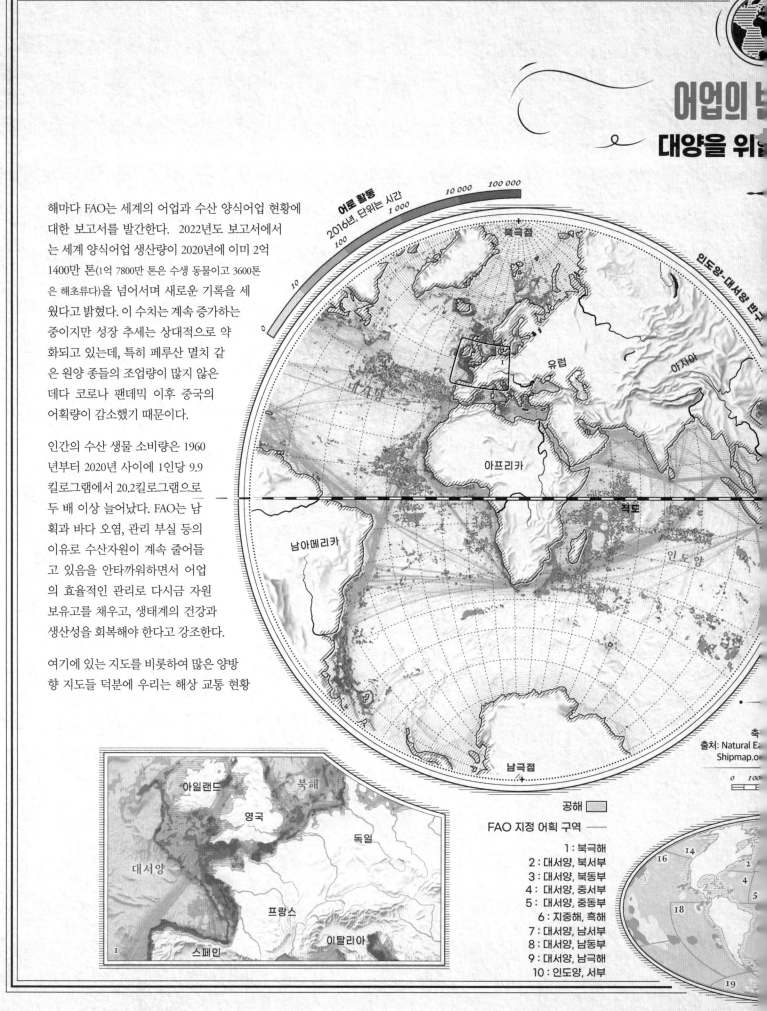

해마다 FAO는 세계의 어업과 수산 양식어업 현황에 대한 보고서를 발간한다. 2022년도 보고서에서는 세계 양식어업 생산량이 2020년에 이미 2억 1400만 톤(1억 7800만 톤은 수생 동물이고 3600톤은 해초류다)을 넘어서며 새로운 기록을 세웠다고 밝혔다. 이 수치는 계속 증가하는 중이지만 성장 추세는 상대적으로 약화되고 있는데, 특히 페루산 멸치 같은 원양 종들의 조업량이 많지 않은 데다 코로나 팬데믹 이후 중국의 어획량이 감소했기 때문이다.

인간의 수산 생물 소비량은 1960년부터 2020년 사이에 1인당 9.9킬로그램에서 20.2킬로그램으로 두 배 이상 늘어났다. FAO는 남획과 바다 오염, 관리 부실 등의 이유로 수산자원이 계속 줄어들고 있음을 안타까워하면서 어업의 효율적인 관리로 다시금 자원 보유고를 채우고, 생태계의 건강과 생산성을 회복해야 한다고 강조한다.

여기에 있는 지도를 비롯하여 많은 양방향 지도들 덕분에 우리는 해상 교통 현황

어로 활동
2016년, 단위는 시간
100 1 000 10 000 100 000

북극점

대서양

남아메리카

유럽

아프리카

아시아

인도양

적도

남극점

축
출처: Natural Ea
Shipmap.o
0 100

아일랜드 북해
영국
대서양 독일
프랑스
이탈리아
스페인

공해 ☐
FAO 지정 어획 구역 ──

1 : 북극해
2 : 대서양, 북서부
3 : 대서양, 북동부
4 : 대서양, 중서부
5 : 대서양, 중동부
6 : 지중해, 흑해
7 : 대서양, 남서부
8 : 대서양, 남동부
9 : 대서양, 남극해
10 : 인도양, 서부

세계지도

과잉 어로

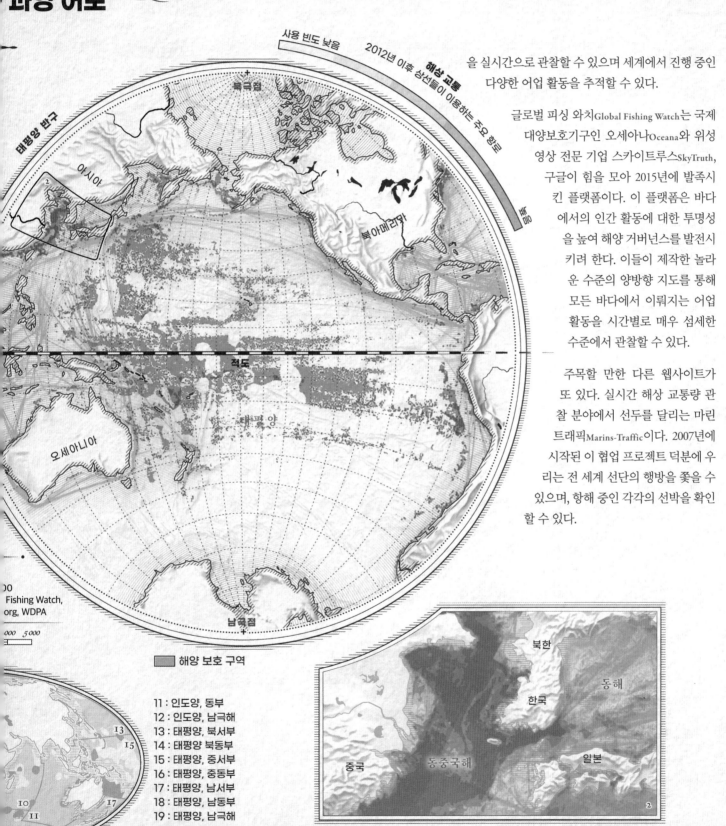

사용 빈도 낮음

2012년 이후 상선들이 이용하는 주요 항로

해상 교통

북극점

태평양 반구

아시아

북아메리카

적도

태평양

오세아니아

남극점

Fishing Watch,
org, WDPA

000 5 000

해양 보호 구역

11 : 인도양, 동부
12 : 인도양, 남극해
13 : 태평양, 북서부
14 : 태평양, 북동부
15 : 태평양, 중서부
16 : 태평양, 중동부
17 : 태평양, 남서부
18 : 태평양, 남동부
19 : 태평양, 남극해

13
15
10
11
17

북한

동해

한국

중국

동중국해

일본

을 실시간으로 관찰할 수 있으며 세계에서 진행 중인 다양한 어업 활동을 추적할 수 있다.

글로벌 피싱 와치Global Fishing Watch는 국제 대양보호기구인 오세아나Oceana와 위성 영상 전문 기업 스카이트루스SkyTruth, 구글이 힘을 모아 2015년에 발족시킨 플랫폼이다. 이 플랫폼은 바다에서의 인간 활동에 대한 투명성을 높여 해양 거버넌스를 발전시키려 한다. 이들이 제작한 놀라운 수준의 양방향 지도를 통해 모든 바다에서 이뤄지는 어업 활동을 시간별로 매우 섬세한 수준에서 관찰할 수 있다.

주목할 만한 다른 웹사이트가 또 있다. 실시간 해상 교통량 관찰 분야에서 선두를 달리는 마린 트래픽Marins-Traffic이다. 2007년에 시작된 이 협업 프로젝트 덕분에 우리는 전 세계 선단의 행방을 쫓을 수 있으며, 항해 중인 각각의 선박을 확인할 수 있다.

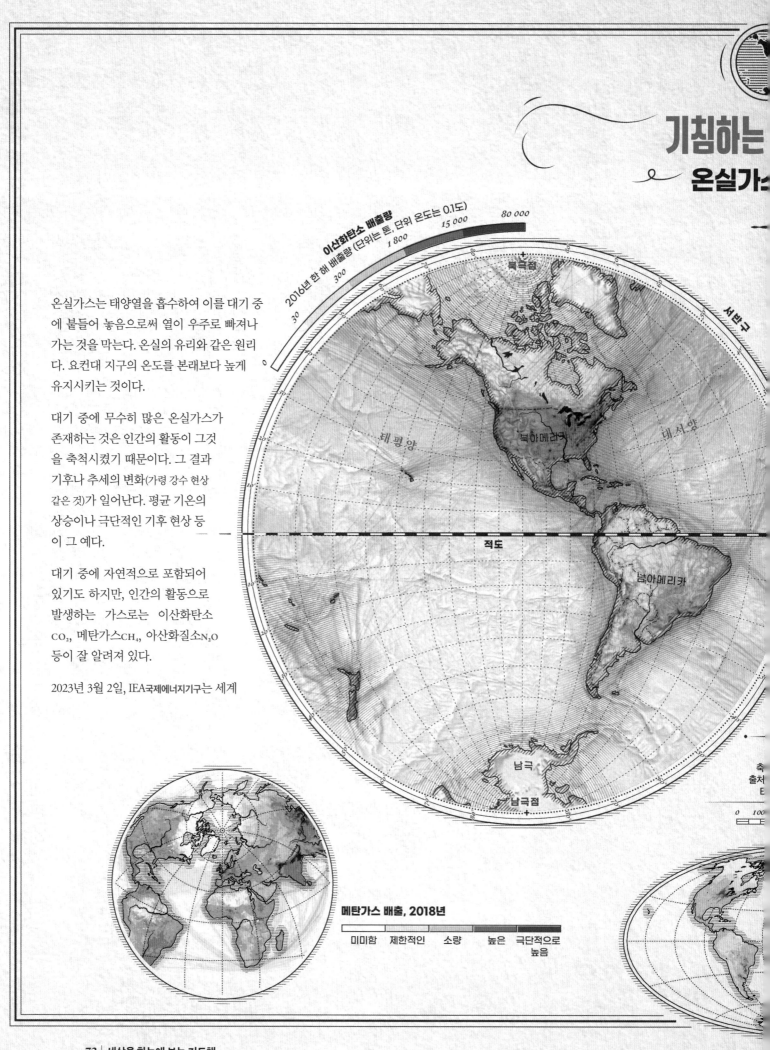

온실가스는 태양열을 흡수하여 이를 대기 중에 붙들어 놓음으로써 열이 우주로 빠져나가는 것을 막는다. 온실의 유리와 같은 원리다. 요컨대 지구의 온도를 본래보다 높게 유지시키는 것이다.

대기 중에 무수히 많은 온실가스가 존재하는 것은 인간의 활동이 그것을 축적시켰기 때문이다. 그 결과 기후나 추세의 변화(가령 강수 현상 같은 것)가 일어난다. 평균 기온의 상승이나 극단적인 기후 현상 등이 그 예다.

대기 중에 자연적으로 포함되어 있기도 하지만, 인간의 활동으로 발생하는 가스로는 이산화탄소 CO_2, 메탄가스CH_4, 아산화질소N_2O 등이 잘 알려져 있다.

2023년 3월 2일, IEA국제에너지기구는 세계

이산화탄소 배출량

2016년 한 해 배출량 (단위는 톤, 단위 온도는 0.1도)

30 300 1 800 15 000 80 000

북극점
서반구
태평양
북아메리카
대서양
적도
남아메리카
남극
남극점

메탄가스 배출, 2018년

미미함 제한적인 소량 높은 극단적으로 높음

기침하는
온실가스

축
출처

0 100

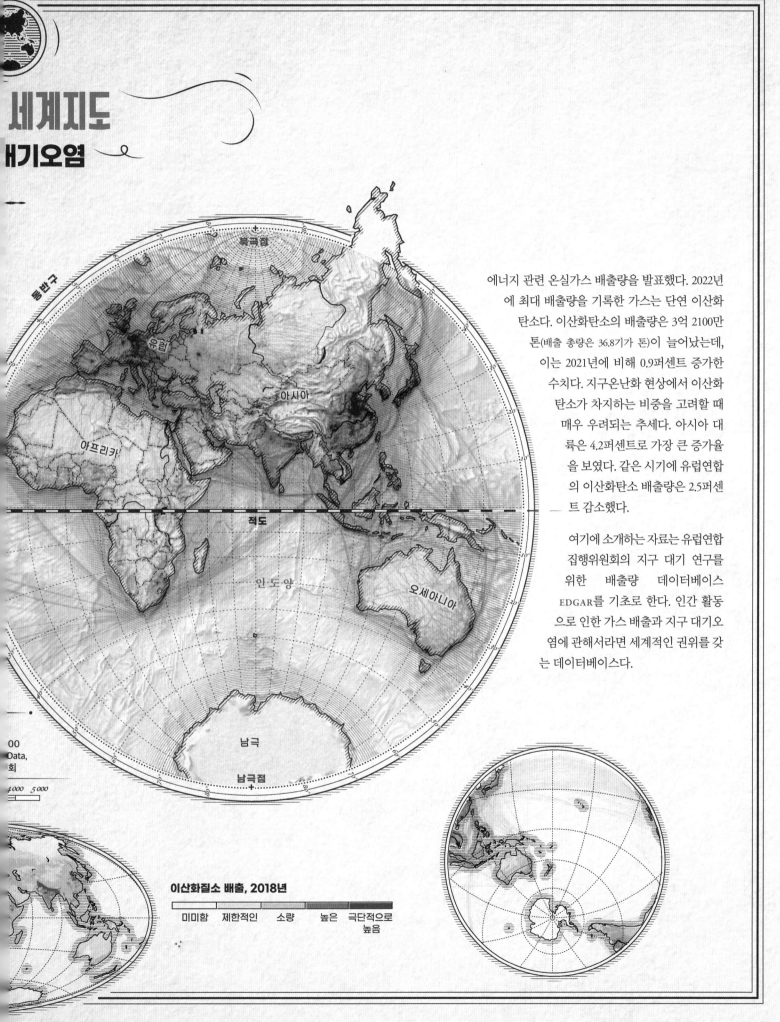

세계지도

대기오염

에너지 관련 온실가스 배출량을 발표했다. 2022년에 최대 배출량을 기록한 가스는 단연 이산화탄소다. 이산화탄소의 배출량은 3억 2100만 톤(배출 총량은 36.8기가 톤)이 늘어났는데, 이는 2021년에 비해 0.9퍼센트 증가한 수치다. 지구온난화 현상에서 이산화탄소가 차지하는 비중을 고려할 때 매우 우려되는 추세다. 아시아 대륙은 4.2퍼센트로 가장 큰 증가율을 보였다. 같은 시기에 유럽연합의 이산화탄소 배출량은 2.5퍼센트 감소했다.

여기에 소개하는 자료는 유럽연합 집행위원회의 지구 대기 연구를 위한 배출량 데이터베이스 EDGAR를 기초로 한다. 인간 활동으로 인한 가스 배출과 지구 대기오염에 관해서라면 세계적인 권위를 갖는 데이터베이스다.

북극점

동반구

유럽

아시아

아프리카

적도

인도양

오세아니아

남극

남극점

이산화질소 배출, 2018년

미미함　제한적인　소량　높은　극단적으로 높음

WWF에 따르면 해마다 1900만 톤에서 2300만 톤의 플라스틱이 지구의 물길 속으로 유입된다고 한다. 그중 적잖은 양(어떤 해에는 800만 톤)이 바다까지 흘러간다. 플라스틱이 극지방에서부터 제일 멀리 떨어진 섬들에 이르기까지, 해수면과 심해 바닥 가릴 것 없이 대양 구석구석을 온통 오염시킨 것이다.

일회용 플라스틱 제품들이 바다에서 건져 낸 쓰레기의 60퍼센트로 가장 큰 비중을 차지하고 있다. 그렇기 때문에 플라스틱 일회용기의 사용을 금지하는 나라가 점점 늘어나는 추세다.

플라스틱이 해양 생물다양성에 미치는 결과는 참담하다. 2021년에 발표된 한 연구에 의하면 분석한 555종의 물고기들 가운데 386종의 물고기에서 플라스틱이 발견되었다. 북해에서 잡힌 대구, 발트해에서 잡힌 청어의 내장에서 미세 플라스틱 조각이 발견된 비율은 각각 30퍼센트와 17퍼센트에 이른다. 그런가 하면 대서양 북서쪽에 서식하는 물새들의 74퍼센트가 물고기를 통해 플라스틱을 먹은 것으로 집계된다.

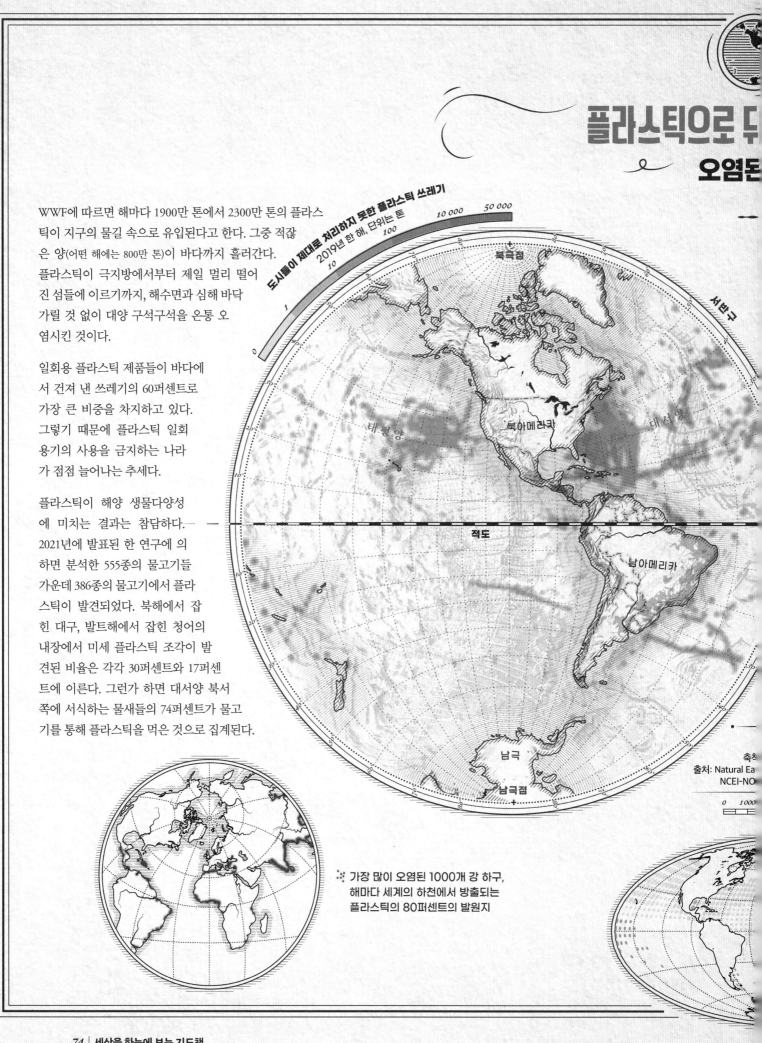

도시들이 제대로 처리하지 못한 플라스틱 쓰레기
2019년 한 해, 단위는 톤

1 10 100 10 000 50 000

북극점
서반구
태평양
북아메리카
대서양
적도
남아메리카
남극
남극점

축천
출처: Natural Ea
NCEI-NO

0 1000

가장 많이 오염된 1000개 강 하구,
해마다 세계의 하천에서 방출되는
플라스틱의 80퍼센트의 발원지

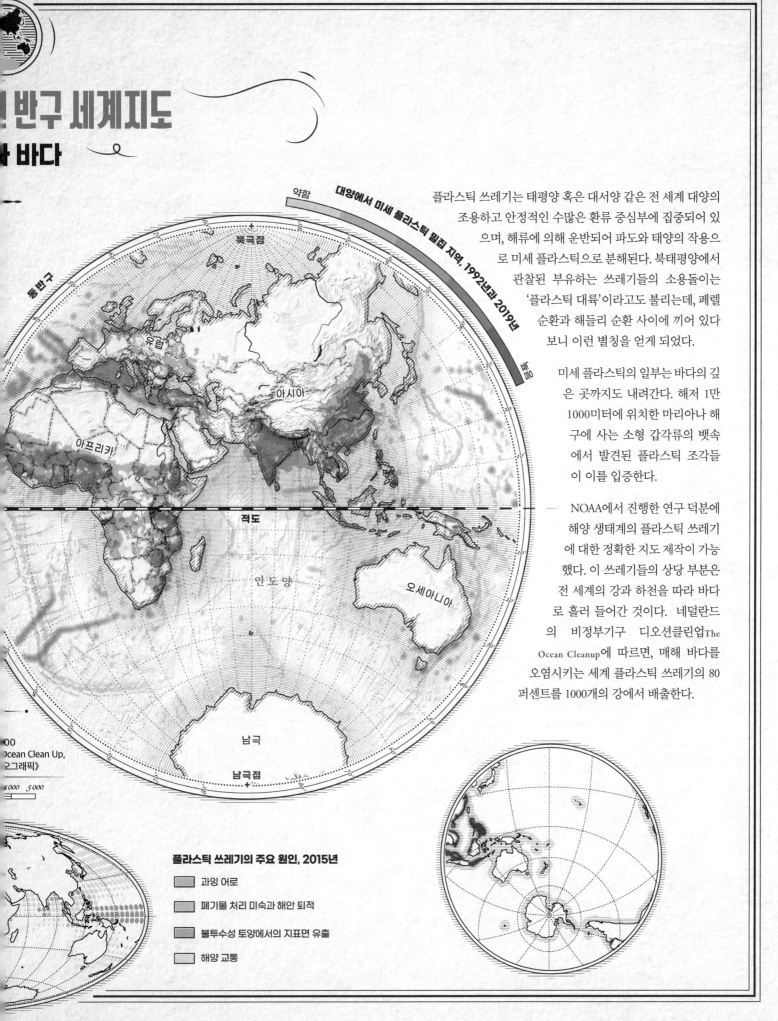

반구 세계지도

바다

동반구

북극점

유럽

아시아

아프리카

적도

인도양

오세아니아

남극

남극점

대양에서 미세 플라스틱 밀집 지역, 1992년과 2019년

약함

높음

플라스틱 쓰레기는 태평양 혹은 대서양 같은 전 세계 대양의 조용하고 안정적인 수많은 환류 중심부에 집중되어 있으며, 해류에 의해 운반되어 파도와 태양의 작용으로 미세 플라스틱으로 분해된다. 북태평양에서 관찰된 부유하는 쓰레기들의 소용돌이는 '플라스틱 대륙'이라고도 불리는데, 페렐 순환과 해들리 순환 사이에 끼어 있다 보니 이런 별칭을 얻게 되었다.

미세 플라스틱의 일부는 바다의 깊은 곳까지도 내려간다. 해저 1만 1000미터에 위치한 마리아나 해구에 사는 소형 갑각류의 뱃속에서 발견된 플라스틱 조각들이 이를 입증한다.

NOAA에서 진행한 연구 덕분에 해양 생태계의 플라스틱 쓰레기에 대한 정확한 지도 제작이 가능했다. 이 쓰레기들의 상당 부분은 전 세계의 강과 하천을 따라 바다로 흘러 들어간 것이다. 네덜란드의 비정부기구 디오션클린업The Ocean Cleanup에 따르면, 매해 바다를 오염시키는 세계 플라스틱 쓰레기의 80퍼센트를 1000개의 강에서 배출한다.

000
Ocean Clean Up,
그래픽》

000   5 000

플라스틱 쓰레기의 주요 원인, 2015년

- 과잉 어로
- 폐기물 처리 미숙과 해안 퇴적
- 불투수성 토양에서의 지표면 유출
- 해양 교통

2019년, 유엔의 IPBES생물다양성 전문가 그룹는 충격적인 내용을 담은 연구 결과를 발표했다. 약 100만 종의 동식물이 멸종 위기에 놓여 있으며(즉 8종 중 1종), 빠른 시일 내에 큰 변화가 일어나지 않으면, 수십 년 안에 많은 동식물이 사라질 수도 있다는 것이다. 전문가의 예측대로라면 이 세계는 여섯 번째 대멸종을 앞두고 있다.

수치만 봐도 알 수 있다. 양서류 42퍼센트, 산호류 33퍼센트, 상어 및 가오리류 31퍼센트, 갑각류 28퍼센트, 포유류 25퍼센트, 파충류 19퍼센트, 조류 14퍼센트가 각각 멸종 위기를 맞고 있다. 지난 100만년보다 현재의 멸종 비율이 적어도 수십 배, 아니 수백 배 더 늘어난 주요인으로 인간 활동이 꼽히고 있다.

이 보고서는 생물다양성 감소를 야기하는 요인에 대해서 우리에게 시사하는 바가 크다. 모두 인간의 활동에서

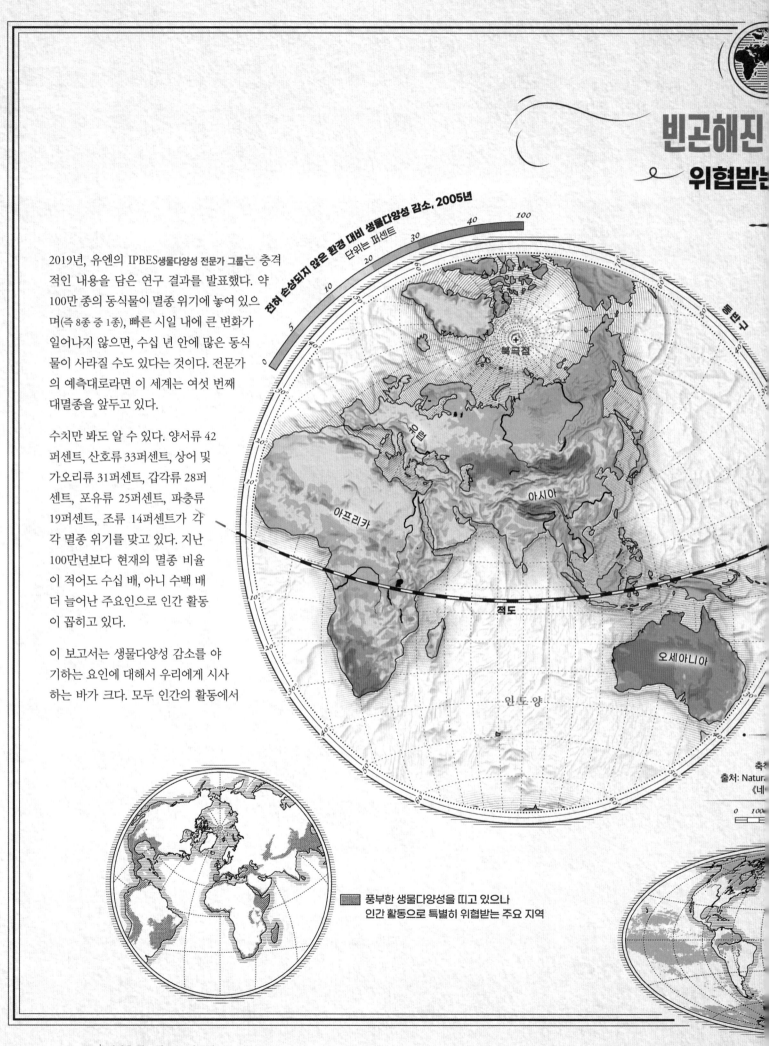

전혀 손상되지 않은 환경 대비 생물다양성 감소, 2005년
단위는 퍼센트

풍부한 생물다양성을 띠고 있으나
인간 활동으로 특별히 위협받는 주요 지역

세계지도

물다양성

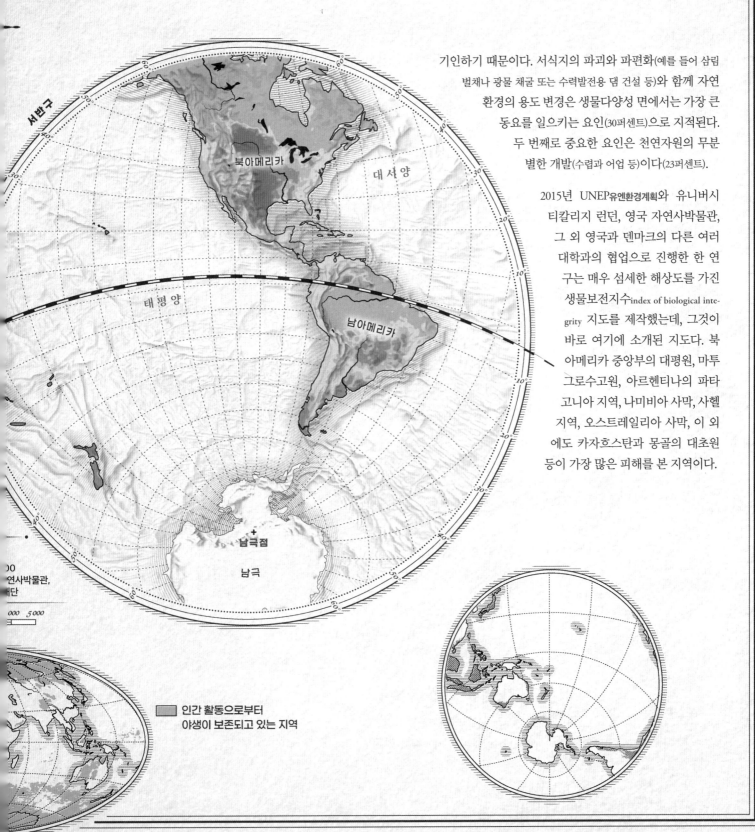

서반구

북아메리카

대서양

태평양

남아메리카

남극점

남극

연사박물관,
재단

000 5000

인간 활동으로부터
야생이 보존되고 있는 지역

기인하기 때문이다. 서식지의 파괴와 파편화(예를 들어 삼림 벌채나 광물 채굴 또는 수력발전용 댐 건설 등)와 함께 자연 환경의 용도 변경은 생물다양성 면에서는 가장 큰 동요를 일으키는 요인(30퍼센트)으로 지적된다. 두 번째로 중요한 요인은 천연자원의 무분별한 개발(수렵과 어업 등)이다(23퍼센트).

2015년 UNEP유엔환경계획와 유니버시티칼리지 런던, 영국 자연사박물관, 그 외 영국과 덴마크의 다른 여러 대학과의 협업으로 진행한 한 연구는 매우 섬세한 해상도를 가진 생물보전지수index of biological inte-grity 지도를 제작했는데, 그것이 바로 여기에 소개된 지도다. 북아메리카 중앙부의 대평원, 마투그로수고원, 아르헨티나의 파타고니아 지역, 나미비아 사막, 사헬 지역, 오스트레일리아 사막, 이 외에도 카자흐스탄과 몽골의 대초원 등이 가장 많은 피해를 본 지역이다.

Alaska
6 194
de Bering
Mer du Lie
CANADA
Océan Atlantique
2⊠070
Pacifique
ÉTATS-UNIS
4 421
Appalaches
-86
Rocheuses
MAROC
AL
MAURITANIE
MA
SÉNÉGAL Sahe
BURKINA FA
GUINÉE Ni
CÔTE D'IVOIRE TOGO
CA
MEXIQUE
CUBA
BELIZE HAÏTI
GUATEMALA
NICARAGUA Mer des Antilles
COSTA-RICA
VENEZUELA
2070 ＋ GUYANA
COLOMBIE
Golfe de Guinée
NULL ISLAN
00°00'00"
00°00'00"
Equateur
BRÉSIL
PÉROU
Polynéste
Amazonie
BOLIVIE
PARAGUAY
Andes
ARGENTINE
6 959 URUGUAY
＋
40
CHILI
Terre de Feu
ANTARCTIQUE
Pôle Sud

3

인류 사회의 맥을 짚어보는 반구 세계지도

세계를 구분 짓는 선들

델핀 파팽·프란체스카 파토리

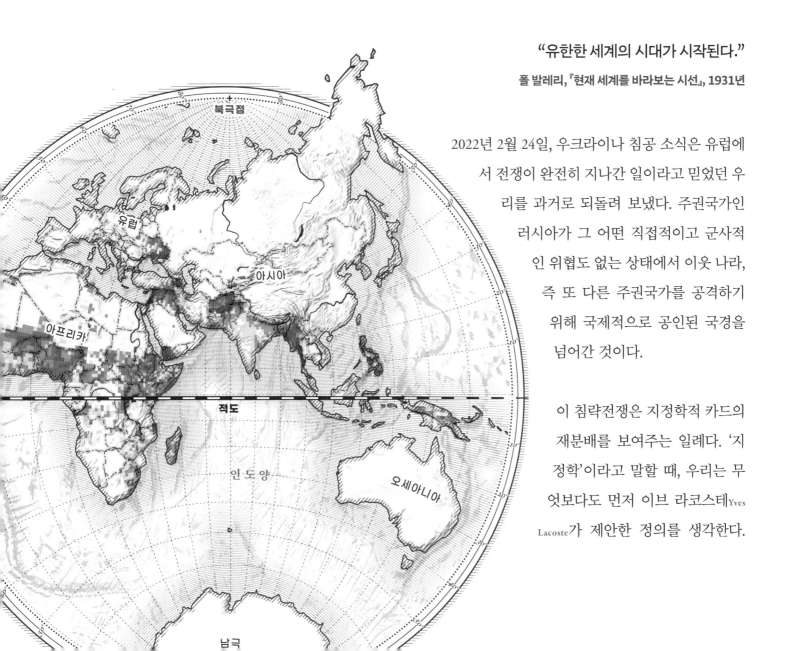

"유한한 세계의 시대가 시작된다."
폴 발레리, 『현재 세계를 바라보는 시선』, 1931년

2022년 2월 24일, 우크라이나 침공 소식은 유럽에서 전쟁이 완전히 지나간 일이라고 믿었던 우리를 과거로 되돌려 보냈다. 주권국가인 러시아가 그 어떤 직접적이고 군사적인 위협도 없는 상태에서 이웃 나라, 즉 또 다른 주권국가를 공격하기 위해 국제적으로 공인된 국경을 넘어간 것이다.

이 침략전쟁은 지정학적 카드의 재분배를 보여주는 일례다. '지정학'이라고 말할 때, 우리는 무엇보다도 먼저 이브 라코스테Yves Lacoste가 제안한 정의를 생각한다.

이브 라코스테는 지정학을 하나의 영토 내에서, 혹은 하나의 영토를 차지하기 위해서 벌어지는 권력의 경쟁 관계를 연구하는 학문으로 보았다. 여기서 하나의 영토란 지리적 공간뿐만 아니라 사고의 공간·삶의 공간·요구의 대상이 되는 공간을 의미한다. 따라서 영토를 탐하는 주역들은 자원에 대한 물질적 비전을 뛰어넘는 강력한 표상을 원하기도 한다.

국경은 하나의 영토에 대한 통제를 정당화하고 법적으로 인정하며 이를 확인해 준다. 지도 위에 그런대로 끊어지지 않고 이어지도록 그어둔 국경선은 그것의 존재가 합의되었든 아니든, 그 선을 표시하기 위해 벽이나 철조망을 설치했든 아니든, 제한된 영토 내에 사는 백성 또는 시민에게 세금을 거둬들이기 위해 고안되었다. 이방인들이 영토 내로 들어오는 행위를 제한하는 것 이상으로 국경선은 그 선 밖으로 빠져나가는 행위, 예를 들면 징집을 피하려는 남성들의 도주 행위를 통제할 목적이 컸던 것이다.

인간이 창조해 낸 것이 모두 그렇듯 국경선은 임의적일 수밖에 없다. 흔히 '자연적' 경계선(강이나 높은 등선 등)이라고 부르는 국경선도 인위적인 국경선에 비해서 긋기가 단순하다거나 더 쉽게 적법성을 얻는 건 아니다. 이집트의 나일강, 이라크의 티그리스강 또는 유프라테스강처럼 일부 강들은 위대한 문명을 낳았다. 그 때문에 같은 민족이 강을 사이에 두고 갈라진 채 퍼져 살기도 했다. 그런가 하면 파슈툰족 같은 산악 종족은 본래 현재의 아프가니스탄과 파키스탄 사이 지역에서 살았는데, 자연 경계선이라고 알려진 능선을 따라가며 국경선이 그어지는 바람에 인위적으로 두 나라로 분리되고 말았다.

특히 프랑스는 자연 경계선의 중요성을 강조하기 좋아하는 나라다. 영토가 대양과 강, 산들로 경계를 이루다 보니 그럴 만하다. 그렇긴 해도 해외 영토를 거느렸던 프랑스의 역사로 미루어 볼 때, 하나의 국가는 대양을 넘어서는 공간에서도, 마르티니크섬에서 생피에르에미클롱을 지나 레위니옹섬이나 누벨칼레도니섬 같은 곳에서도 주권을 가질 수 있다.

이제 지구상에 '테라 눌리우스terra nullius'라 불리는 임자 없는 땅(무주지)은 거의 없다. 반면 오늘날엔 300군데가 넘는 국경선이 있으며, 그 길이를 다 합하면 26만 1000킬로미터가 넘는다(국경 하나하나를 다 이어 붙이면 지구를 무려 여섯 바퀴 반이나 돌 수 있다!). 게다가 이 길에 해상경계선은 아예 포함되지 않았다. 해상경계선은 요즘 들어 점점 더 공유 협약의 대상이 되거나 갈등 요소가 되어 가는 형편이다.

한편 냉전이 끝나고 철의 장막 시대가 막을 내리자, 세계는 국경을 폐지하려고 애썼다. 바야흐로 '국경이 없다'는 개념이 호응을 얻어가던 시기였으며 이 개념은 '국경없는의사회' '세계의사회' 등과 같은 몇몇 인도주의 단체들이 나타나 기능 하는 방식으로도 작용했다.

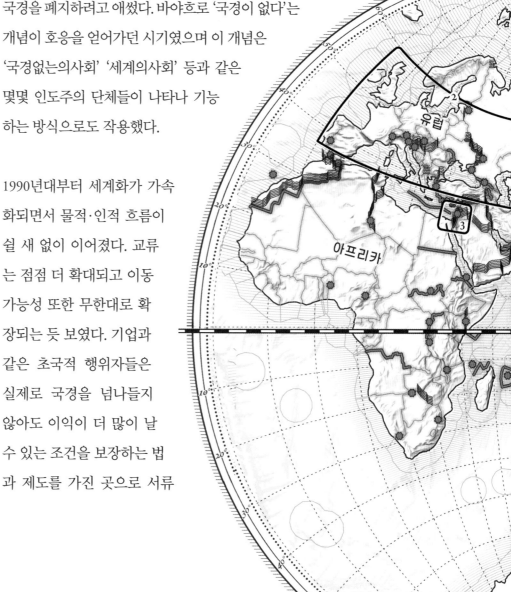

1990년대부터 세계화가 가속 화되면서 물적·인적 흐름이 쉴 새 없이 이어졌다. 교류 는 점점 더 확대되고 이동 가능성 또한 무한대로 확 장되는 듯 보였다. 기업과 같은 초국적 행위자들은 실제로 국경을 넘나들지 않아도 이익이 더 많이 날 수 있는 조건을 보장하는 법 과 제도를 가진 곳으로 서류

상의 이동을 하는 방식으로 머리를 쓰게 됐다.

인터넷은 기존의 텔레비전을 비롯해 그 어느 미디어보다도 빠르게 세계화 현상을 강화했다. 전 세계 젊은이들은 비록 전체주의 체제를 견디며 살아야 하는 처지라 할지라도 인터넷 접속만 가능하다면 자신들의 일상적인 생활 방식이나 소비 패턴과는 거리가 먼 생활도 가상적으로 체험해 볼 수 있다. 2022년 이란에서 젊은 여성들의 혁명이 한창이던 시기에 우리는 그들 가운데 상당수가 휴대 전화 속에 담긴 다른 나라의 또래 여성, 그들과 같은 꿈을 가졌으나 전체주의 체제가 아닌 다른 세계에서 살기 때문에 그들과는 달리, 생활하는 방식이나 사랑하는 방식에서 전혀 구애를 받지 않고 사는 젊은 여성들의 사진들을 높이 치켜들었던 광경을 기억한다. 그렇기 때문에 권위주의를 표방하는 국가들은 인터넷 접속을 통제하고 검열하는가 하면 아예 접속을 차단해 버리려고 시도한다. 기존의 체제를 문제 삼으려는 시도들을 억압한다. 언제까지고 모든 권력을 틀어쥐기 위해 그렇게라도 하는 것이다.

~

국경선 앞에서 우리는 모두 평등하지 않다. 우리의 여권은 이동에서만큼은 동일한 힘을 지니지 않는다. 오늘날 프랑스 사람은 자국 여권 덕분에 124개국을 비자

없이 여행할 수 있는 반면, 아프가니스탄 사람은 겨우 3개국에만 갈 수 있다. 이 세 나라도 별로 가고 싶을 만한 곳이 아니다. 국경 문제는 또한 경제적인 이유나 신변의 안전을 위해 주어진 상황에서 빠져나오고 싶어 하는 개인들의 문제로도 이어진다. 몇몇 나라에서 국경에 가시철조망을 치거나 장벽을 쌓아 올리는 등의 행위로 국경 경비를 강화하면 이주민들은 점점 더 큰 위험을 감수해야 하기 때문이다. IOM유엔 국제이주기구의 '실종 이주민 프로젝트'가 집계한 숫자에 따르면, 지중해는 거대한 무덤이라고 할 수 있다. 2014년부터 최근까지 2만 8000명이 넘는 성인 남녀와 어린이가 그곳에서 목숨을 잃었다. 더구나 그 숫자는 알려진 조난자들만 집계한 결과다. 이주 과정에서 일어나는 대부분의 비극은 모두가 조용히 침묵하는 가운데 소리 없이 이주민들을 덮친다.

~

그렇다고 해서 세계화와 인터넷의 발달이 국경의 종말을 뜻하는 건 아니다. 2020년 코로나19 팬데믹은 국경의 역설을 조명했다. 중국에서 시작된 코로나19는 사람들의 이동, 대규모 회합 등과 맞물려 깜짝 놀랄 만큼 빠른 속도로 지구 전 지역에 확산되었다.

코로나19는 국경 따위는 보기 좋게 무시했고 이 같은 위기에 대응하기 위해 각국은 일방적인 방식으로, 그리고 각자 다른 리듬으로 자국의 국경을 폐쇄했다. 유엔이나 세계보건기구, 유럽연합 같은 국제기구들은 개별적인 주권 국가들에 영향을 주지 못했다. 각국의 국민들 또한 국제기구나 민간 주체보다는 국가를 상대로 더 많은 책임을 요구했다. 위기의 시대에 국가는 국경선과 함께 여전히 토대가 되는 역할을 수행하고 있다.

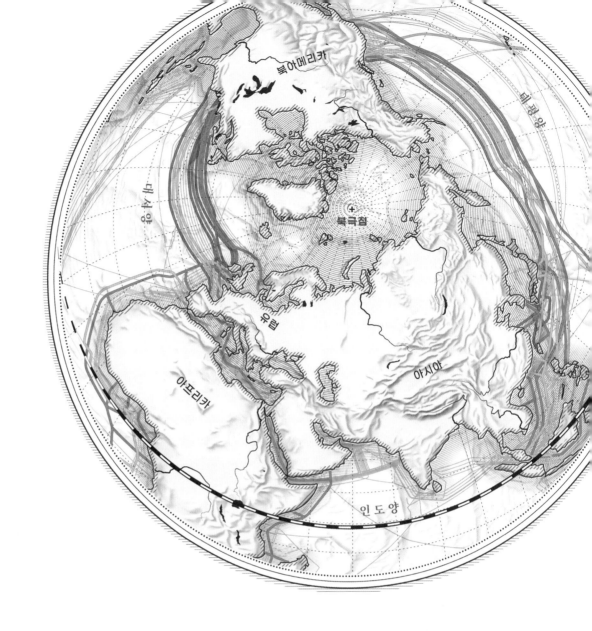

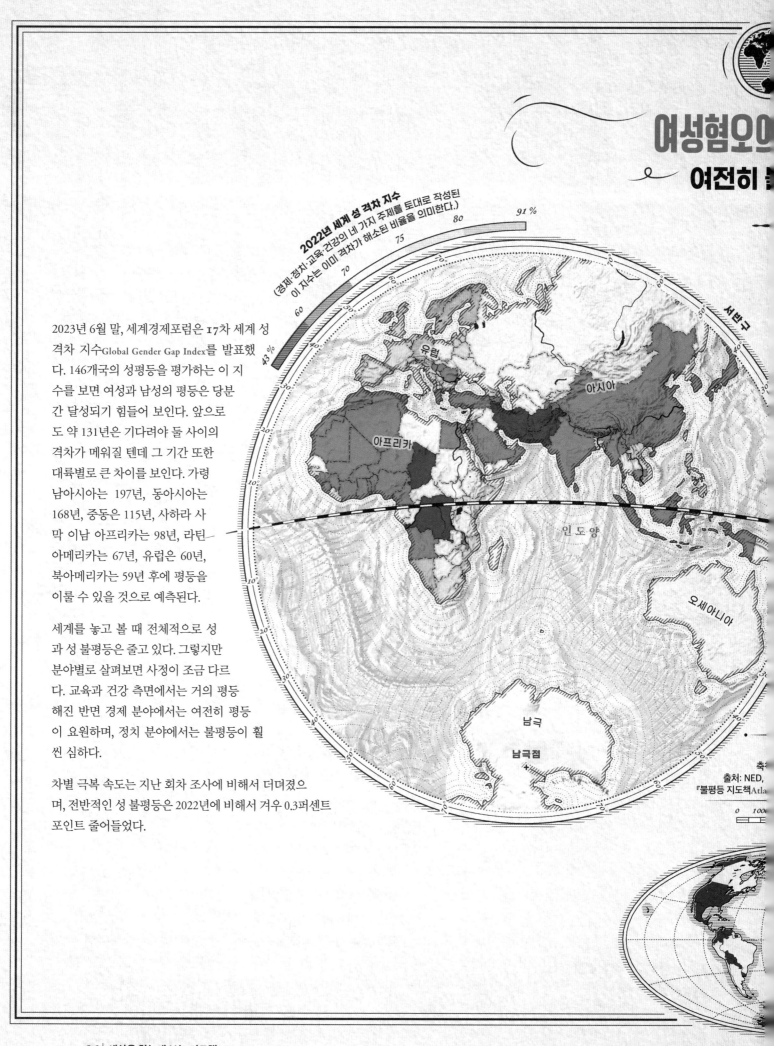

2022년 세계 성 격차 지수
(경제·정치·교육·건강의 네 가지 주제를 토대로 작성된 이 지수는 이미 격차가 해소된 비율을 의미한다.)

2023년 6월 말, 세계경제포럼은 17차 세계 성 격차 지수Global Gender Gap Index를 발표했다. 146개국의 성평등을 평가하는 이 지수를 보면 여성과 남성의 평등은 당분간 달성되기 힘들어 보인다. 앞으로도 약 131년은 기다려야 둘 사이의 격차가 메워질 텐데 그 기간 또한 대륙별로 큰 차이를 보인다. 가령 남아시아는 197년, 동아시아는 168년, 중동은 115년, 사하라 사막 이남 아프리카는 98년, 라틴 아메리카는 67년, 유럽은 60년, 북아메리카는 59년 후에 평등을 이룰 수 있을 것으로 예측된다.

세계를 놓고 볼 때 전체적으로 성과 성 불평등은 줄고 있다. 그렇지만 분야별로 살펴보면 사정이 조금 다르다. 교육과 건강 측면에서는 거의 평등해진 반면 경제 분야에서는 여전히 평등이 요원하며, 정치 분야에서는 불평등이 훨씬 심하다.

차별 극복 속도는 지난 회차 조사에 비해서 더뎌졌으며, 전반적인 성 불평등은 2022년에 비해서 겨우 0.3퍼센트 포인트 줄어들었다.

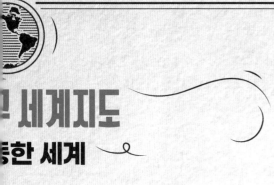

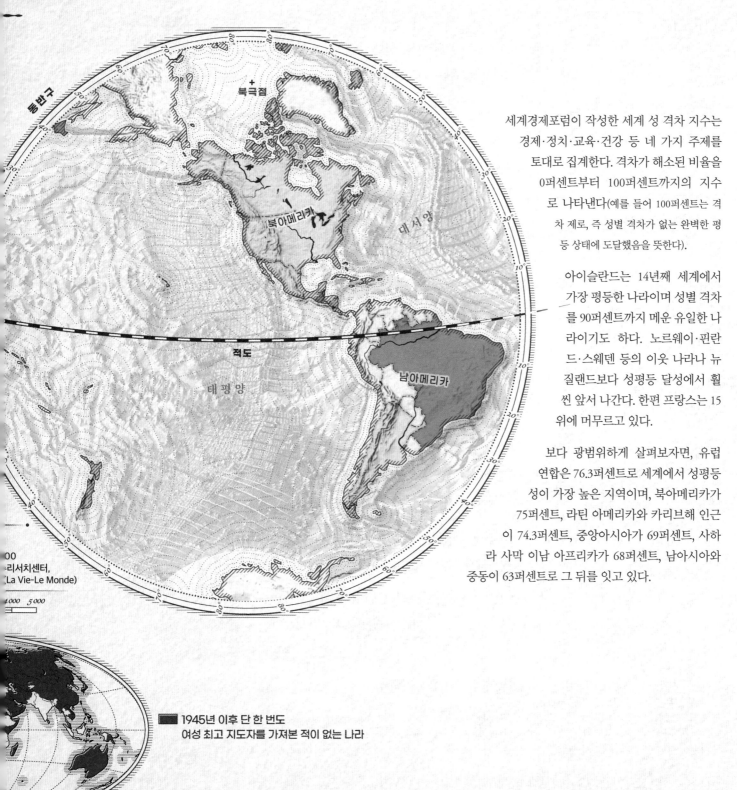

동반구

북극점

북아메리카

대서양

적도

태평양

남아메리카

00
리서치센터,
(La Vie-Le Monde)

000   5 000

■ 1945년 이후 단 한 번도
여성 최고 지도자를 가져본 적이 없는 나라

세계경제포럼이 작성한 세계 성 격차 지수는 경제·정치·교육·건강 등 네 가지 주제를 토대로 집계한다. 격차가 해소된 비율을 0퍼센트부터 100퍼센트까지의 지수로 나타낸다(예를 들어 100퍼센트는 격차 제로, 즉 성별 격차가 없는 완벽한 평등 상태에 도달했음을 뜻한다).

아이슬란드는 14년째 세계에서 가장 평등한 나라이며 성별 격차를 90퍼센트까지 메운 유일한 나라이기도 하다. 노르웨이·핀란드·스웨덴 등의 이웃 나라나 뉴질랜드보다 성평등 달성에서 훨씬 앞서 나간다. 한편 프랑스는 15위에 머무르고 있다.

보다 광범위하게 살펴보자면, 유럽 연합은 76.3퍼센트로 세계에서 성평등성이 가장 높은 지역이며, 북아메리카가 75퍼센트, 라틴 아메리카와 카리브해 인근이 74.3퍼센트, 중앙아시아가 69퍼센트, 사하라 사막 이남 아프리카가 68퍼센트, 남아시아와 중동이 63퍼센트로 그 뒤를 잇고 있다.

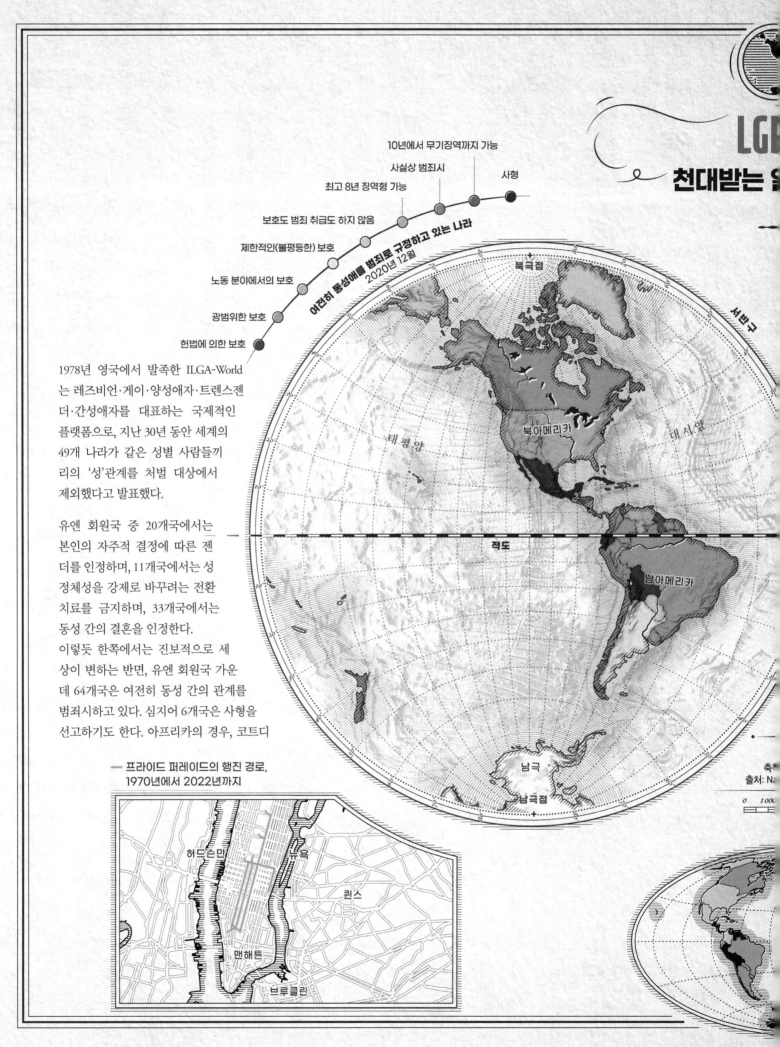

LG

천대받는 읽

10년에서 무기징역까지 가능

사실상 범죄시

사형

최고 8년 징역형 가능

보호도 범죄 취급도 하지 않음

제한적인(불평등한) 보호

여전히 동성애를 범죄로 규정하고 있는 나라
2020년 12월

노동 분야에서의 보호

광범위한 보호

헌법에 의한 보호

1978년 영국에서 발족한 ILGA-World
는 레즈비언·게이·양성애자·트렌스젠
더·간성애자를 대표하는 국제적인
플랫폼으로, 지난 30년 동안 세계의
49개 나라가 같은 성별 사람들끼
리의 '성'관계를 처벌 대상에서
제외했다고 발표했다.

유엔 회원국 중 20개국에서는
본인의 자주적 결정에 따른 젠
더를 인정하며, 11개국에서는 성
정체성을 강제로 바꾸려는 전환
치료를 금지하며, 33개국에서는
동성 간의 결혼을 인정한다.
이렇듯 한쪽에서는 진보적으로 세
상이 변하는 반면, 유엔 회원국 가운
데 64개국은 여전히 동성 간의 관계를
범죄시하고 있다. 심지어 6개국은 사형을
선고하기도 한다. 아프리카의 경우, 코트디

북극점

서반구

태평양

북아메리카

대서양

적도

남아메리카

남극

남극점

축척

출처: Na

0   1000

— 프라이드 퍼레이드의 행진 경로,
1970년에서 2022년까지

허드슨만

뉴욕

퀸스

맨해튼

브루클린

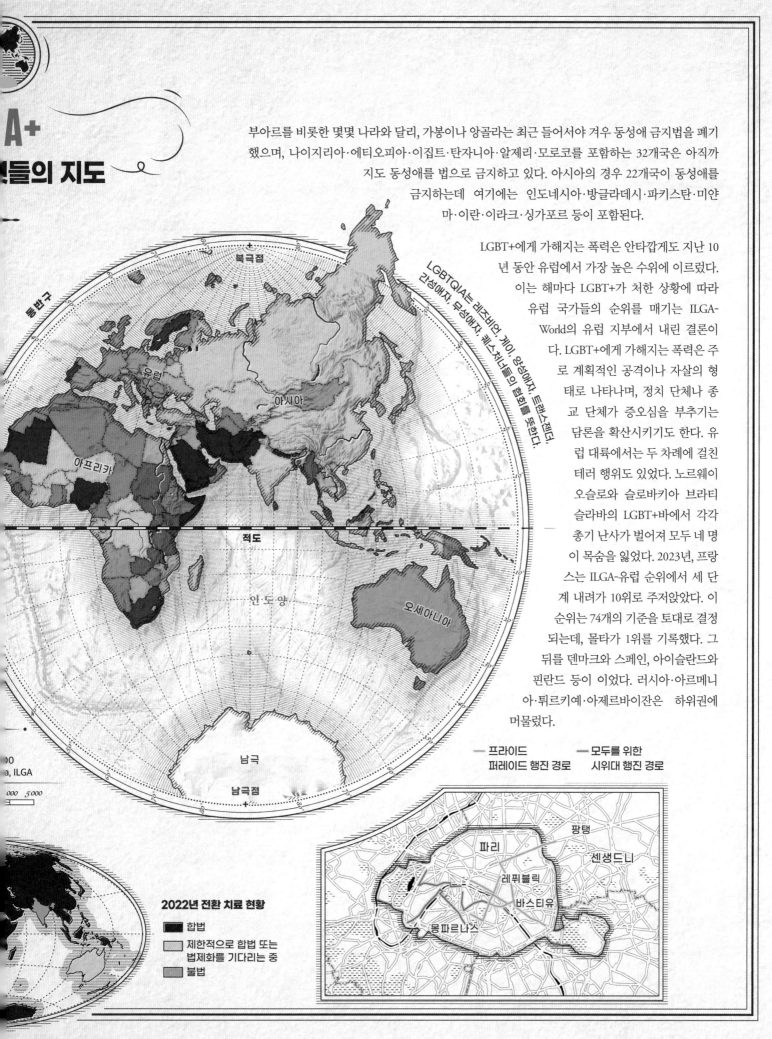

A+

…들의 지도

부아르를 비롯한 몇몇 나라와 달리, 가봉이나 앙골라는 최근 들어서야 겨우 동성애 금지법을 폐기했으며, 나이지리아·에티오피아·이집트·탄자니아·알제리·모로코를 포함하는 32개국은 아직까지 동성애를 법으로 금지하고 있다. 아시아의 경우 22개국이 동성애를 금지하는데 여기에는 인도네시아·방글라데시·파키스탄·미얀마·이란·이라크·싱가포르 등이 포함된다.

LGBT+에게 가해지는 폭력은 안타깝게도 지난 10년 동안 유럽에서 가장 높은 수위에 이르렀다. 이는 해마다 LGBT+가 처한 상황에 따라 유럽 국가들의 순위를 매기는 ILGA-World의 유럽 지부에서 내린 결론이다. LGBT+에게 가해지는 폭력은 주로 계획적인 공격이나 자살의 형태로 나타나며, 정치 단체나 종교 단체가 증오심을 부추기는 담론을 확산시키기도 한다. 유럽 대륙에서는 두 차례에 걸친 테러 행위도 있었다. 노르웨이 오슬로와 슬로바키아 브라티슬라바의 LGBT+바에서 각각 총기 난사가 벌어져 모두 네 명이 목숨을 잃었다. 2023년, 프랑스는 ILGA-유럽 순위에서 세 단계 내려가 10위로 주저앉았다. 이 순위는 74개의 기준을 토대로 결정되는데, 몰타가 1위를 기록했다. 그 뒤를 덴마크와 스페인, 아이슬란드와 핀란드 등이 이었다. 러시아·아르메니아·튀르키예·아제르바이잔은 하위권에 머물렀다.

LGBTQIA는 레즈비언, 게이, 양성애자, 트랜스젠더, 간성애자, 무성애자, 퀴스처너들의 협회를 뜻한다.

북극점
북반구
유럽
아시아
아프리카
적도
인도양
오세아니아
남극
남극점

— 프라이드 퍼레이드 행진 경로　　— 모두를 위한 시위대 행진 경로

2022년 전환 치료 현황
- ■ 합법
- ■ 제한적으로 합법 또는 법제화를 기다리는 중
- ■ 불법

파리　팡탱
센생드니
레퓌블릭
바스티유
몽파르나스

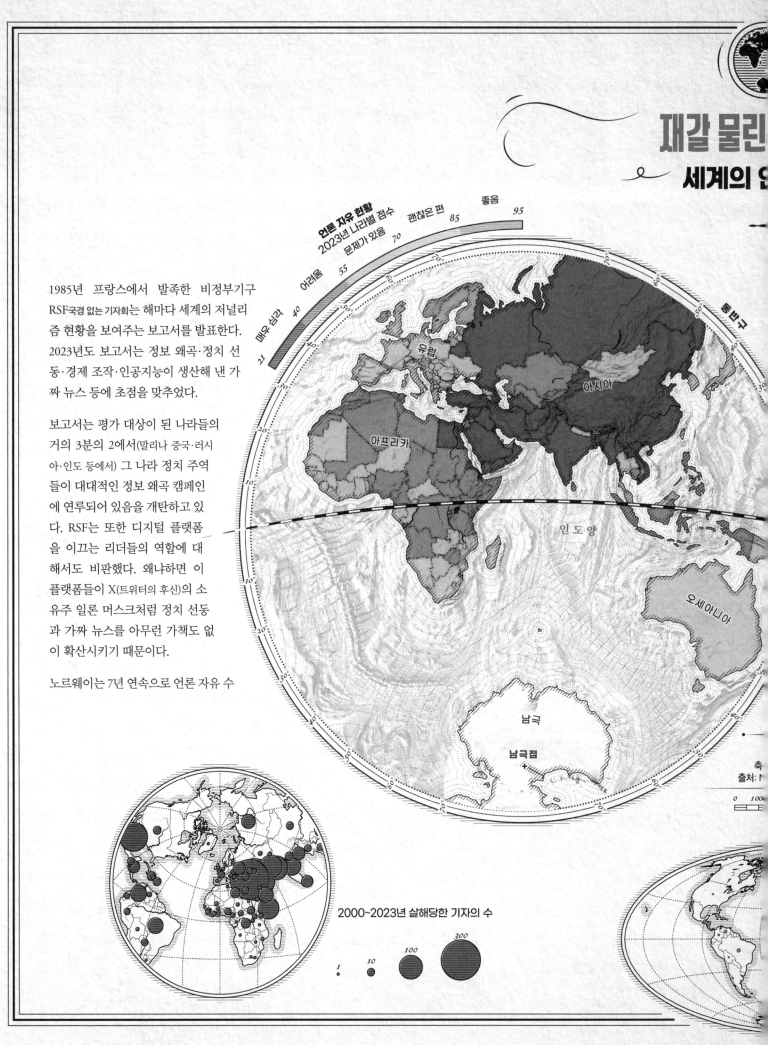

1985년 프랑스에서 발족한 비정부기구 RSF국경 없는 기자회는 해마다 세계의 저널리즘 현황을 보여주는 보고서를 발표한다. 2023년도 보고서는 정보 왜곡·정치 선동·경제 조작·인공지능이 생산해 낸 가짜 뉴스 등에 초점을 맞추었다.

보고서는 평가 대상이 된 나라들의 거의 3분의 2에서(말리나 중국·러시아·인도 등에서) 그 나라 정치 주역들이 대대적인 정보 왜곡 캠페인에 연루되어 있음을 개탄하고 있다. RSF는 또한 디지털 플랫폼을 이끄는 리더들의 역할에 대해서도 비판했다. 왜냐하면 이 플랫폼들이 X(트위터의 후신)의 소유주 일론 머스크처럼 정치 선동과 가짜 뉴스를 아무런 가책도 없이 확산시키기 때문이다.

노르웨이는 7년 연속으로 언론 자유 수

언론 자유 현황
2023년 나라별 점수

매우 심각 21 / 40 / 어려움 55 / 문제가 있음 70 / 괜찮은 편 85 / 좋음 95

유럽
아시아
아프리카
인도양
오세아니아
남극
남극점
동반구

2000~2023년 살해당한 기자의 수

1 10 100 300

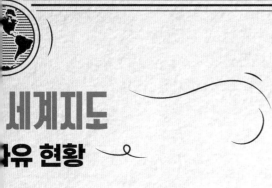

세계지도
자유 현황

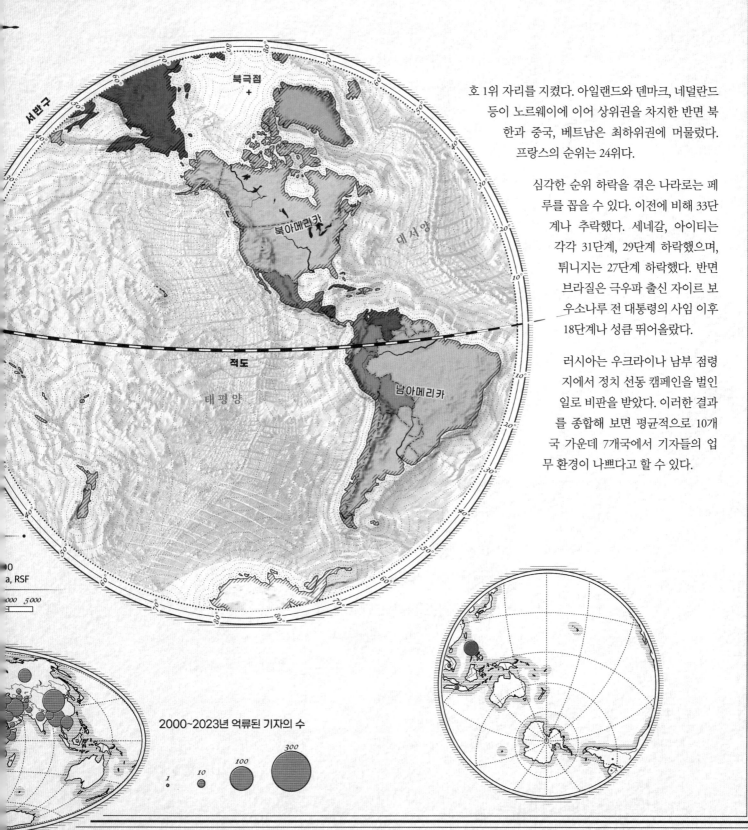

호 1위 자리를 지켰다. 아일랜드와 덴마크, 네덜란드 등이 노르웨이에 이어 상위권을 차지한 반면 북한과 중국, 베트남은 최하위권에 머물렀다. 프랑스의 순위는 24위다.

심각한 순위 하락을 겪은 나라로 페루를 꼽을 수 있다. 이전에 비해 33단계나 추락했다. 세네갈, 아이티는 각각 31단계, 29단계 하락했으며, 튀니지는 27단계 하락했다. 반면 브라질은 극우파 출신 자이르 보우소나루 전 대통령의 사임 이후 18단계나 성큼 뛰어올랐다.

러시아는 우크라이나 남부 점령지에서 정치 선동 캠페인을 벌인 일로 비판을 받았다. 이러한 결과를 종합해 보면 평균적으로 10개국 가운데 7개국에서 기자들의 업무 환경이 나쁘다고 할 수 있다.

서반구

북극점

북아메리카

대서양

적도

태평양

남아메리카

a, RSF

000   5 000

2000~2023년 억류된 기자의 수

1   10   100   300

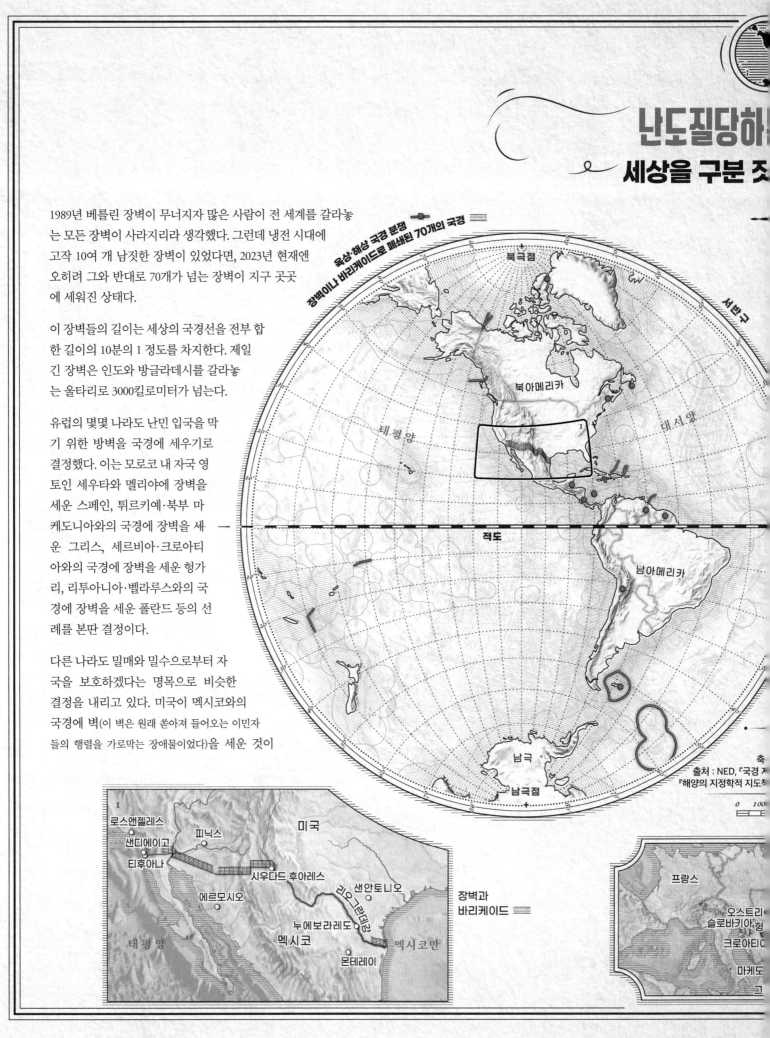

1989년 베를린 장벽이 무너지자 많은 사람이 전 세계를 갈라놓는 모든 장벽이 사라지리라 생각했다. 그런데 냉전 시대에 고작 10여 개 남짓한 장벽이 있었다면, 2023년 현재엔 오히려 그와 반대로 70개가 넘는 장벽이 지구 곳곳에 세워진 상태다.

이 장벽들의 길이는 세상의 국경선을 전부 합한 길이의 10분의 1 정도를 차지한다. 제일 긴 장벽은 인도와 방글라데시를 갈라놓는 울타리로 3000킬로미터가 넘는다.

유럽의 몇몇 나라도 난민 입국을 막기 위한 방벽을 국경에 세우기로 결정했다. 이는 모로코 내 자국 영토인 세우타와 멜리야에 장벽을 세운 스페인, 튀르키예·북부 마케도니아와의 국경에 장벽을 세운 그리스, 세르비아·크로아티아와의 국경에 장벽을 세운 헝가리, 리투아니아·벨라루스와의 국경에 장벽을 세운 폴란드 등의 선례를 본딴 결정이다.

다른 나라도 밀매와 밀수로부터 자국을 보호하겠다는 명목으로 비슷한 결정을 내리고 있다. 미국이 멕시코와의 국경에 벽(이 벽은 원래 쏟아져 들어오는 이민자들의 행렬을 가로막는 장애물이었다)을 세운 것이

난도질당하
세상을 구분 짓

장벽이나 바리케이드로 폐쇄된 70개의 국경
육상·해상 국경 분쟁

북극점
서반구
북아메리카
태평양
대서양
적도
남아메리카
남극
남극점

축
출처 : NED, 『국경
『해양의 지정학적 지도책

0 100

로스앤젤레스
샌디에이고
피닉스
티후아나
미국
시우다드 후아레스
에르모시오
샌안토니오
리오그란데강
멕시코
누에보라레도
몬테레이
멕시코만
태평양

장벽과
바리케이드

프랑스
오스트리
슬로바키아
크로아티
헝
마케도

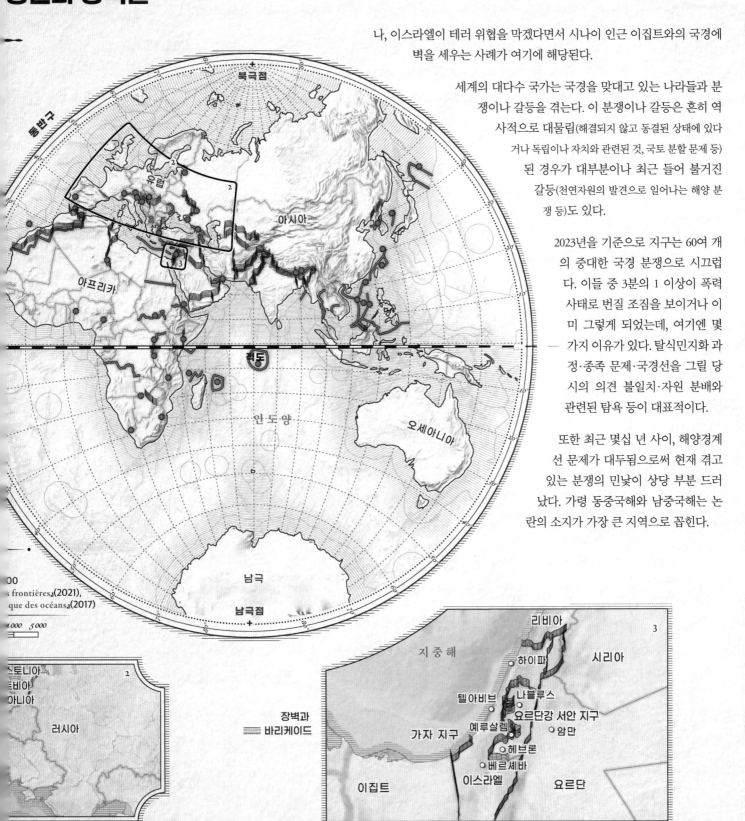

구 세계지도

경선과 장벽들

나, 이스라엘이 테러 위협을 막겠다면서 시나이 인근 이집트와의 국경에 벽을 세우는 사례가 여기에 해당된다.

세계의 대다수 국가는 국경을 맞대고 있는 나라들과 분쟁이나 갈등을 겪는다. 이 분쟁이나 갈등은 흔히 역사적으로 대물림(해결되지 않고 동결된 상태에 있다거나 독립이나 자치와 관련된 것, 국토 분할 문제 등)된 경우가 대부분이나 최근 들어 불거진 갈등(천연자원의 발견으로 일어나는 해양 분쟁 등)도 있다.

2023년을 기준으로 지구는 60여 개의 중대한 국경 분쟁으로 시끄럽다. 이들 중 3분의 1 이상이 폭력 사태로 번질 조짐을 보이거나 이미 그렇게 되었는데, 여기엔 몇 가지 이유가 있다. 탈식민지화 과정·종족 문제·국경선을 그릴 당시의 의견 불일치·자원 분배와 관련된 탐욕 등이 대표적이다.

또한 최근 몇십 년 사이, 해양경계선 문제가 대두됨으로써 현재 겪고 있는 분쟁의 민낯이 상당 부분 드러났다. 가령 동중국해와 남중국해는 논란의 소지가 가장 큰 지역으로 꼽힌다.

북극점

동반구

유럽

아시아

아프리카

적도

인도양

오세아니아

남극

남극점

00

frontières (2021),
que des océans (2017)

4 000   5 000

스토니아
트비아
아니아

러시아

2

장벽과
바리케이드

지중해

리비아

하이파

시리아

텔아비브

나블루스

요르단강 서안 지구

가자 지구

예루살렘

암만

헤브론

베르셰바

이집트

이스라엘

요르단

3

2022년에는 12만 5700건의 정치 폭력 사태로 14만 5500명이 사망했다. 그 전해에는 세계 인구의 20퍼센트, 그러니까 17억 명의 지구촌 주민이 정치 폭력에 노출되었다. 이 수치는 2014년 영국에서 설립된 비정부기구 Acled Armed Conflict Location And Event Data Project, 무장 갈등 발생 위치와 사건 내용 데이터 프로젝트가 집계한 것이다. 전 세계에서 일어나는 무장 갈등 자료를 실시간으로 수집하고 분석하는 활동에서 이 단체는 공신력을 인정받고 있다.

폭력의 수준은 우크라이나·시리아·미얀마·브라질·멕시코·예멘 등지에서 가장 극렬했다. 지구상에서 가장 불안정한 지역 가운데 하나는 아프리카 대륙의 사하라 사막 이남 지역으로, 이곳에서는 지방 정부들이 이슬람주의자 반란군에 맞서 싸우고 있다. 부르키나파소와 말리는 지금까지 볼 수 없었던 중대한 폭력 사태에 직면했으며, 니제르 공화국은 2023년 7월 말에 쿠데타를 겪었다.

아시아에서는 2021년 미얀마 군부가 일으킨 쿠데타가 일어났고 그에 대항하려는 민간인들을 상대로 군대가 점점 더 큰 무력을 행사하고 있다.

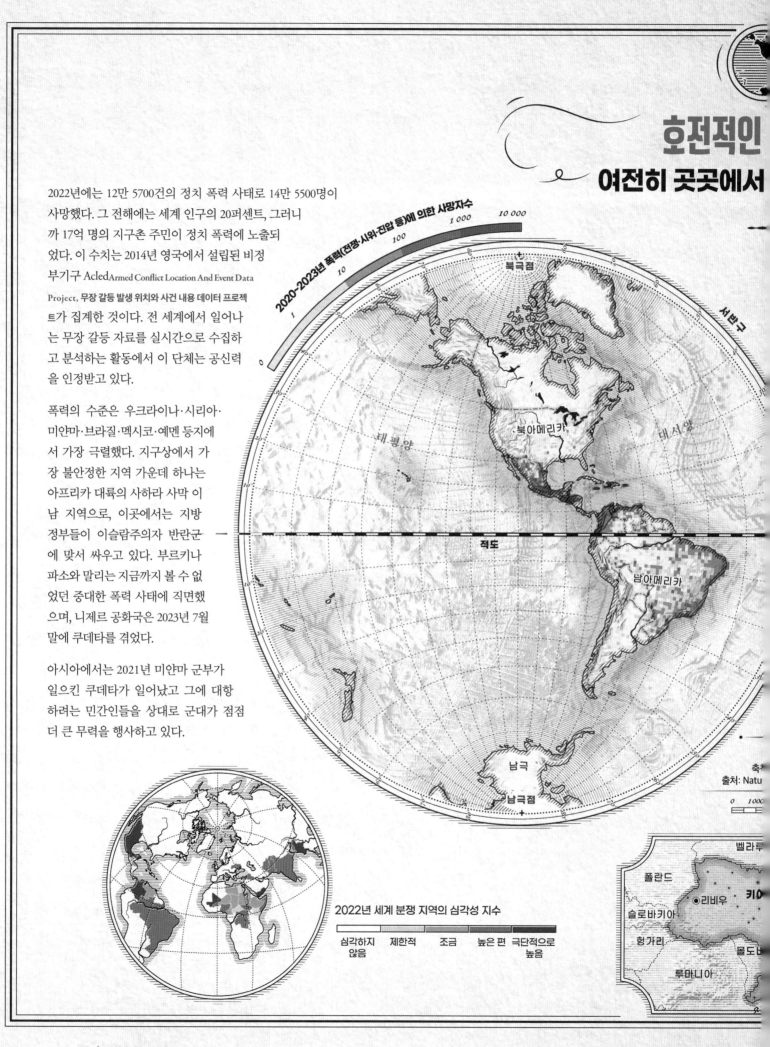

2020~2023년 폭력(전쟁·시위·진압 등)에 의한 사망자수

1 10 100 1 000 10 000

2022년 세계 분쟁 지역의 심각성 지수

심각하지 않음 | 제한적 | 조금 | 높은 편 | 극단적으로 높음

출처: Natu

0 1000

벨라루
폴란드
슬로바키아
헝가리
루마니아
리비우
키이
몰도브

세계지도

○이 일어나는 세계

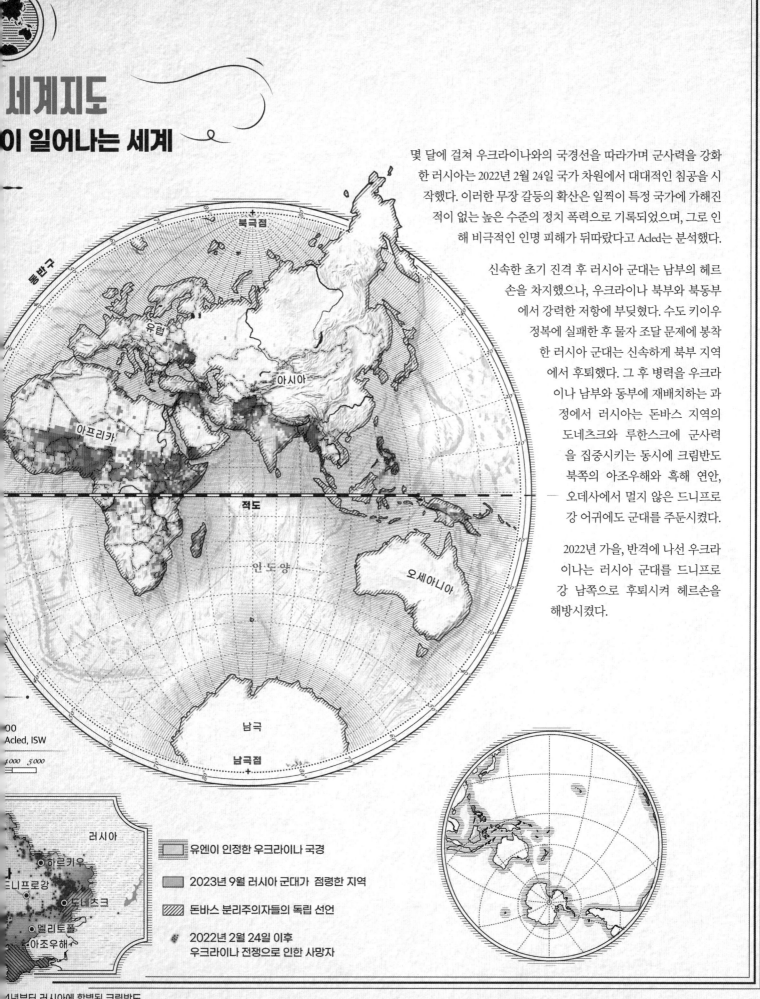

몇 달에 걸쳐 우크라이나와의 국경선을 따라가며 군사력을 강화한 러시아는 2022년 2월 24일 국가 차원에서 대대적인 침공을 시작했다. 이러한 무장 갈등의 확산은 일찍이 특정 국가에 가해진 적이 없는 높은 수준의 정치 폭력으로 기록되었으며, 그로 인해 비극적인 인명 피해가 뒤따랐다고 Acled는 분석했다.

신속한 초기 진격 후 러시아 군대는 남부의 헤르손을 차지했으나, 우크라이나 북부와 북동부에서 강력한 저항에 부딪혔다. 수도 키이우 정복에 실패한 후 물자 조달 문제에 봉착한 러시아 군대는 신속하게 북부 지역에서 후퇴했다. 그 후 병력을 우크라이나 남부와 동부에 재배치하는 과정에서 러시아는 돈바스 지역의 도네츠크와 루한스크에 군사력을 집중시키는 동시에 크림반도 북쪽의 아조우해와 흑해 연안, 오데사에서 멀지 않은 드니프로강 어귀에도 군대를 주둔시켰다.

2022년 가을, 반격에 나선 우크라이나는 러시아 군대를 드니프로강 남쪽으로 후퇴시켜 헤르손을 해방시켰다.

북극점

동반구

유럽

아시아

아프리카

적도

안도양

오세아니아

남극

남극점

00
Acled, ISW

1 000 5 000

러시아

하르키우

드니프로강

도네츠크

멜리토폴

아조우해

유엔이 인정한 우크라이나 국경

2023년 9월 러시아 군대가 점령한 지역

돈바스 분리주의자들의 독립 선언

2022년 2월 24일 이후
우크라이나 전쟁으로 인한 사망자

4년부터 러시아에 합병된 크림반도

우크라이나
폭력 사태의 새로운 진앙지

그리니치 동쪽

벨라루스

볼히니아
리프넨스카

핀스크
마지르

코벨
볼린스카
체르노빌

루블란
키엘체

루츠크
리브네
코로스텐

카아우호

폴란드
제슈프
호멜니츠키

지토미르
브로바리
키이우

르비프스카
리비우

테르노필
흐멜니츠카주
흐멜니츠키

빈니차주
빈니차

키이우주
빌라체르크

프레쇼브
드로고비치
테르노피스카

코시체
우즈호로드
이바노-프란키우스크
이바노-프란키우스크주
카미야네츠-포딜스키

우 크 라

포딜리아
우만

자카르파타주
체르니우치
남부크강

니래지하저

카르파티아산맥

샤투 마레
보토샤니
발티

데브레첸
바이아 마레
수체아바
몰다비아

두버사리
오데사주

오르데아
잘러우
이아시

클루자-나포카
키시나우
티라스폴

비스트리차
피아트라넴트
바슬루이

탐베르트 정거방위도법
출처: ETOPO; Natural Earth Data; Institute for the Study
of War; Brady Africk; Armed Conflict Location and
Event Data Project(ACLED); D. Papin, Atlas géopolitique
de la Russie, Les Arènes 2022; Le Monde; Eric Knight,
National Geographic

트르구무레슈
바커우
오데사

미에르쿠레아치우크
일리치프스크

오데사만

토지 분포

도시 지역	농지	숲	늪

스픈투게오르게
카훌

브라쇼브
폭샤니
이즈마일
셰르필로르섬

경계선

— 국가 간

····· 지방 간

---- 러시아에 의해
병합된 오블라스트
('주'의 일종)

러시아의 침공

▨ 진격 최대치

▧ 친러시아
분리주의자 지역

▨ 2023년 9월 현재
러시아가 차지한 지역

⌂⌂ 러시아 요새

2022년 2월 24일 이후
5km 격자별 사망자 수

1	5	20	100	1000	7000

기반 시설

도로

⚡ 원자력발전소

◉ 수력발전용 댐

갈라치
브러일라
룰체아
다뉴브강
삼각주

루마니아
토르고비슈테

피테슈티
플로이에슈티

부쿠레슈티
슬로보지아

컬러라시
콘스탄차

흑해

0 50 100 150 200 km

96 | 세상을 한눈에 보는 지도책

36°
38°

러시아

50°N

쇼스타카

르고프
쿠르스크
보로네슈

체르니히우
체르니히프스카

코노토프
스타리오스콜

니진
굽킨

수미
알렉세예브카

수미주
벨고로트

세베키노

발루이키

폴타바
하르키우

하르키우주

쿠판스크

루한스크주

크레멘추크호
폴타바주

2014년 이후 친러 분권주의자들이 장악한 지역의 경계

데르카시

키히란
밀레로보

크레멘추크
리시찬스크

나
드니프로페트로우스크
크라마토르스크
루한스크

48°

도니프로
카멘스크

크로피우니츠키
고롤로프카   도네츠 분지

카로보흐라드주
마케예프카   돈 바 스
(2014년 자발적 분리 선언)

크리비리흐
노보체르카스크

자포리자
도네츠크
샤흐티

데센스크
노보샤흐틴스크

콜라이프주
도네츠크주

로스토프나노두

니코폴
돈강

자포리자주
타간로크

바타이스크

밀콜라이프
마리우폴

헤르손주
타간로크만

예이스크

멜리토폴
베르단스크

시바시
아조우해

46°

카르키넛만
티호레츠크

티마쇼프스크
크로포트킨

잔코이

크 림 반 도
(2014년 이후 러시아에 합병)
크라스노다르

쿠반

케르치

예프파토리아
케르치반도

노보로시스크
마이코프

심페로폴
볼쇼이캅카스산맥

겔렌지크
압셰론스크

세바스토폴

얄타

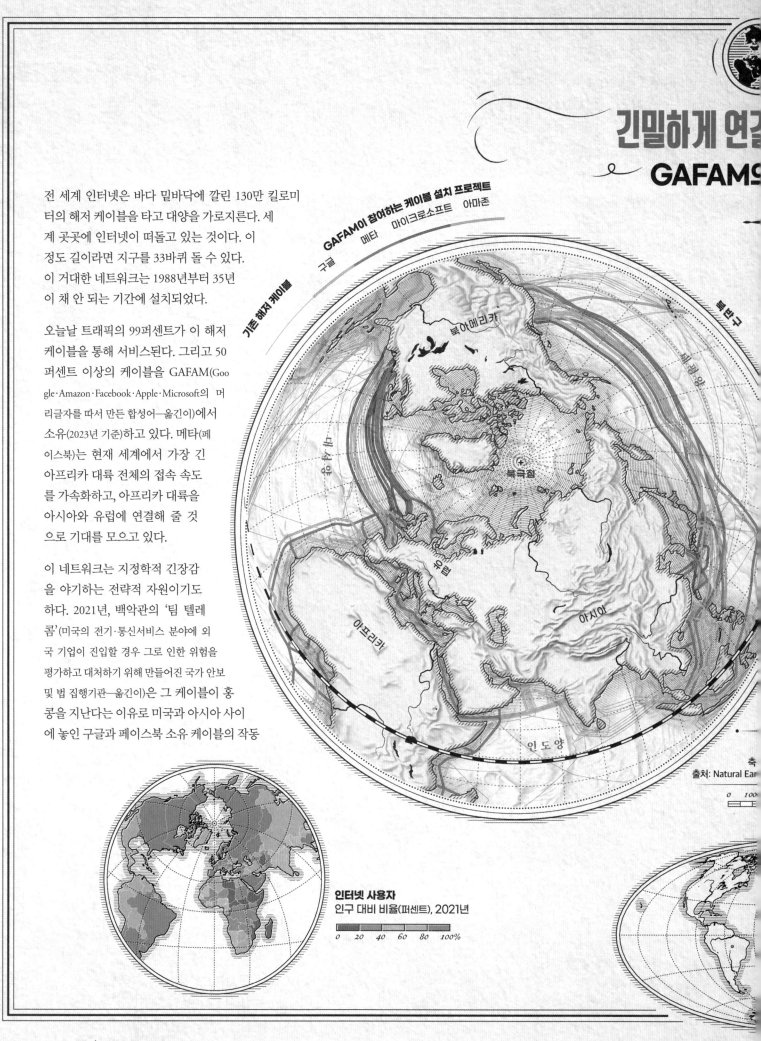

전 세계 인터넷은 바다 밑바닥에 깔린 130만 킬로미터의 해저 케이블을 타고 대양을 가로지른다. 세계 곳곳에 인터넷이 떠돌고 있는 것이다. 이 정도 길이라면 지구를 33바퀴 돌 수 있다. 이 거대한 네트워크는 1988년부터 35년이 채 안 되는 기간에 설치되었다.

오늘날 트래픽의 99퍼센트가 이 해저 케이블을 통해 서비스된다. 그리고 50퍼센트 이상의 케이블을 GAFAM(Google·Amazon·Facebook·Apple·Microsoft의 머리글자를 따서 만든 합성어—옮긴이)에서 소유(2023년 기준)하고 있다. 메타(페이스북)는 현재 세계에서 가장 긴 아프리카 대륙 전체의 접속 속도를 가속화하고, 아프리카 대륙을 아시아와 유럽에 연결해 줄 것으로 기대를 모으고 있다.

이 네트워크는 지정학적 긴장감을 야기하는 전략적 자원이기도 하다. 2021년, 백악관의 '팀 텔레콤'(미국의 전기·통신서비스 분야에 외국 기업이 진입할 경우 그로 인한 위험을 평가하고 대처하기 위해 만들어진 국가 안보 및 법 집행기관—옮긴이)은 그 케이블이 홍콩을 지난다는 이유로 미국과 아시아 사이에 놓인 구글과 페이스북 소유 케이블의 작동

GAFAM이 참여하는 케이블 설치 프로젝트
구글　메타　마이크로소프트　아마존

기존 해저 케이블

북아메리카

태평양

북반구

대서양

유럽

북극점

아시아

아프리카

인도양

축
출처: Natural Ear

0　　　100

인터넷 사용자
인구 대비 비율(퍼센트), 2021년

0　20　40　60　80　100%

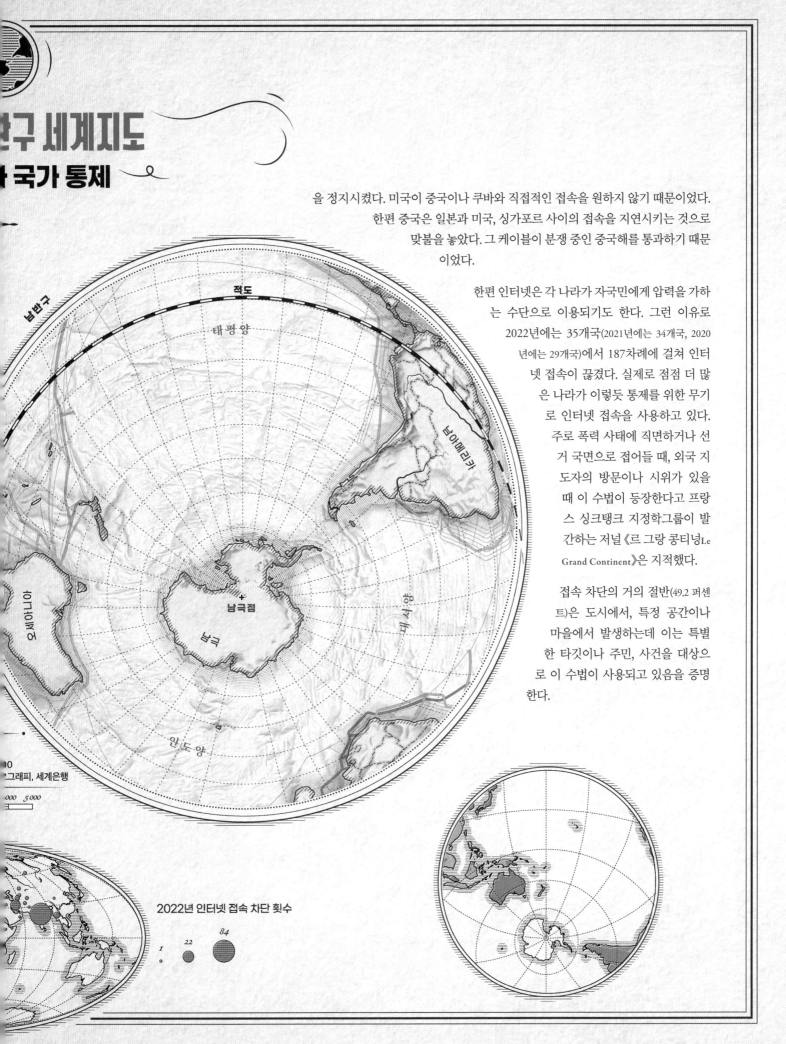

구 세계지도

국가 통제

을 정지시켰다. 미국이 중국이나 쿠바와 직접적인 접속을 원하지 않기 때문이었다. 한편 중국은 일본과 미국, 싱가포르 사이의 접속을 지연시키는 것으로 맞불을 놓았다. 그 케이블이 분쟁 중인 중국해를 통과하기 때문이었다.

한편 인터넷은 각 나라가 자국민에게 압력을 가하는 수단으로 이용되기도 한다. 그런 이유로 2022년에는 35개국(2021년에는 34개국, 2020년에는 29개국)에서 187차례에 걸쳐 인터넷 접속이 끊겼다. 실제로 점점 더 많은 나라가 이렇듯 통제를 위한 무기로 인터넷 접속을 사용하고 있다. 주로 폭력 사태에 직면하거나 선거 국면으로 접어들 때, 외국 지도자의 방문이나 시위가 있을 때 이 수법이 등장한다고 프랑스 싱크탱크 지정학그룹이 발간하는 저널《르 그랑 콩티넝Le Grand Continent》은 지적했다.

접속 차단의 거의 절반(49.2 퍼센트)은 도시에서, 특정 공간이나 마을에서 발생하는데 이는 특별한 타깃이나 주민, 사건을 대상으로 이 수법이 사용되고 있음을 증명한다.

2022년 인터넷 접속 차단 횟수

평화를 추구하
세상을 바꾸는

2017년, 프랑스 생디에데보주에서 열린 세계 지리학 페스티벌을 기념하여 발간된 일간지 《리베라시옹Libération》의 부록 리베데제오그라프(지리학자들의 리베라시옹이라는 뜻 옮긴이)는 생테티엔대학의 티에리 졸리보Thierry Joliveau 교수에게 비디오 게임의 세계와 지도 제작, 지리 정보학 세계 시스템 사이의 연관성에 대한 글을 써달라고 청탁했다.

사실 지도는 액션이니 모험이니 전략이니 스포츠 시뮬레이션이니 하는 범주와 상관없이 여러 게임에 두루 등장한다. 그중에서 첫째로 꼽는 범주는 이른바 '지도 없음'이나 '미로 찾기'라고 불리는 종류로, 1987년에 발매된 〈던전 마스터〉가 원조 격이다. 이 게임에서는 게이머가 수많은 복도와 비밀 통로가 가득한 성탑 안에서 탐사를 벌이는데, 그러려면 뛰어난 방향 감각을 필요로 한다.

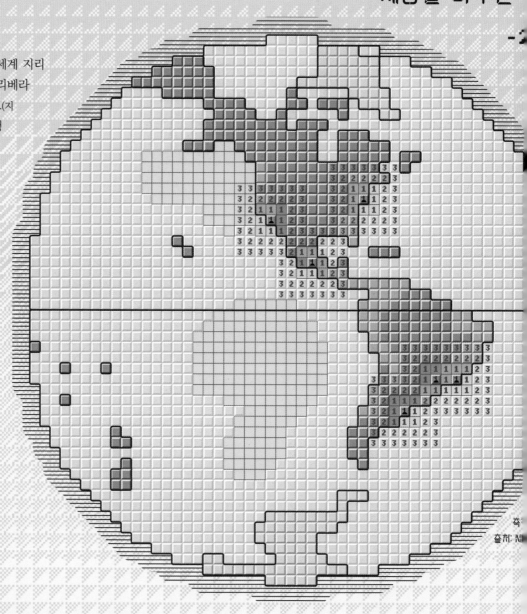

쪽
출처: N

095

지뢰 제거 용사
반구 세계지도

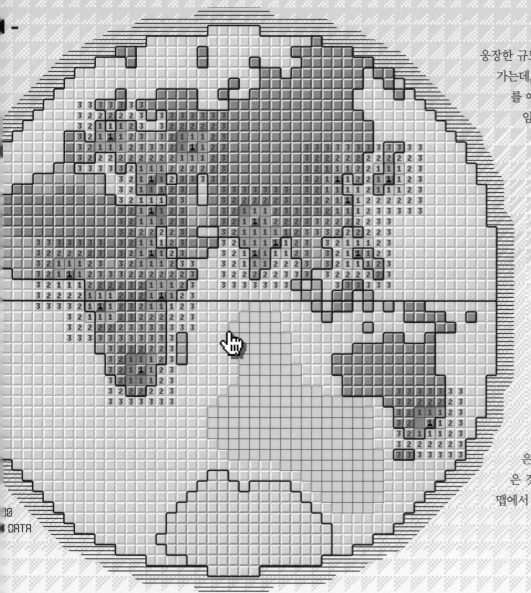

웅장한 규모의 전략 게임 또한 중요한 범주에 들어 가는데, 이런 종류의 게임으로는 〈문명〉 시리즈 를 예로 들 수 있다. 이 게임은 아예 '지도 게 임'이라고 불러도 될 정도다. 게이머는 세 계 속에서 탐험을 하거나 스케일을 조정 하는데 이때 지형이 중요한 역할을 한 다. 그리고 그 지형의 표현이 가까이 있는 물체에 대해서는 세밀하고 거 리가 멀어지면 한결 간략하게 나타 나는데, 고전적인 지도 제작법에서 의 일반화 원리와 매우 유사하다.

이처럼 '열린 세계'에서는 〈그랜드 테프트 오토GTA〉, 〈어쌔신 크리 드〉, 〈파 크라이〉 등에서 보듯이 게 이머가 제한선이 최대한 멀리까지 물러난, 거의 무한한 세계 속으로 뛰 어들게 된다. 연구자들이 강조하듯이 '맵'이라는 용어는 게임 무대를 지칭하 는 용도로도 쓰이고 있다. 이러한 게임들 은 흔히 GTA를 본떠서 작은 상황 지도 같 은 것을 함께 끼워서 파는데, 그 포장이 구글 맵에서 영감을 얻은 듯한 분위기를 풍긴다.

Alaska
+
6 194

r de Bering

Mer du Lab

CANADA

2 ☒ 070
Pacifique

ÉTATS-UNIS
4 427
+
86
Rocheuses

Appalaches

Océan Atlantique

MAROC

MAURITANIE

MALI

SÉNÉGAL   *Sahel*
          BURKINA FASO
GUINÉE   N
          TOGO
CÔTE D'IVOIRE   C

MEXIQUE   CUBA
          BELIZE HAÏTI
          GUATEMALA   *Mer des Antilles*
NICARAGUA
COSTA-RICA   VENEZUELA
          2070 + GUYANA
          COLOMBIE

Golfe de Guinée

◎
NULL ISLAN
00° 00' 00"
00° 00' 00"

Equateur

BRÉSIL

PÉROU

Amazonie

Polynéste

BOLIVIE

PARAGUAY
Andes
ARGENTINE
+
6 959   URUGUAY

+
40

CHILI

Terre de Feu

ANTARCTIQUE

Pôle Sud
+

70
80
80
0

4

우주로 간 반구 세계지도

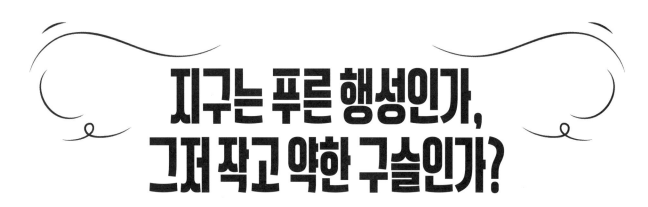

지구는 푸른 행성인가, 그저 작고 약한 구슬인가?

델핀 파팽·프란체스카 파토리

> "난 그 세상에도 사람이 사는지 알지 못한다네.
> 그리고 그걸 알지 못하니 내가 직접 가봐야겠네!"
>
> 쥘 베른, 『지구에서 달까지』, 1865년

2023년 8월 23일, 인도가 쏘아 올린 우주 로켓이 달의 남극에 착륙하는 데 성공했다. 인도는 이제 달 표면에 발을 디딘, 단 4개 나라로만 구성된 폐쇄적인 클럽에 이름을 올리게 되었다. 고대 이후 인류는 천체의 메커니즘을 알아내기 위해, 그리고 그 지식을 통해 인류가 사는 지구를 이해하기 위해 줄곧 노력해 왔다.

1972년 12월 지구가 처음으로 둥그런 모습 전체를 드러냄으로써 인류의 역사에 길이 남을 수 있게 된 것도 바로 우주에서 지구를 바라보았기에 가능했다. 이 이미지는 미국의 유인 우주 비행 탐사 계획인 아폴로 계획에 따라 발사된 아폴로 17호의 우주인들이 달로 가는 도중에 찍은 사진이다. 우리 별 지구를 해상도 높은(4만 5000킬로미터 이상 되는 거리) 한 장의 컬러 이미지로 보여준 건 이 사진이 처음이었다. '파란 구슬The Blue Marble'로 알려진 이 사진은 당시에도 이미 명백한 진리로 인정받던 사실, 즉 지구는 구형이라는 사실을 입증해 보였다. 지금까지도 지구가 평평하다고 믿는 사람들에게는 실례가 될지 모르겠지만 말이다. 이 한 장의 사진은 또한 지구가 매우 취약하다는 사실을 새로이 인식시켜 주었다. 태양의 빛깔 때문에 지구를 파란 '공'이 아니라 파란 '구슬'이라고 부른 것은 절대 우연이 아니다. 무슨 말인가 하면, 지구는 우주라는 거대함에 비추어 볼 때 아주 작은 하나의 개체, 1972년 아폴로 계획을 이끌었던 유진 서넌Eugene Cernan의 표현을 빌리자면, "인간의 눈이 인식할 수 있는 가장 깜깜하고 깊은 어둠" 속에 홀로 떠 있는 애처로운 물체임을 확인시켜 주었다는 뜻이다.

생태·환경 같은 화두가 점점 더 큰 관심을 받기 시작하는 시대에 이 이미지는 환경을 보존하려는 이들의 아이콘이자 기준이 되었다. 달 착륙 이후 반세기가 지난 2017년, 169일 동안 국제우주정거장 ISS에 체류한 후 지구로 귀환한 프랑스 우주인 토마 페스케Thomas Pesquet는 "우주에서 바라보면 지구는 금방이라도 터져버릴 것처럼 덧없는 비눗방울 같다"라고 말했다. 반세기 전의 선배와 별반 다르지 않은 소감이다. 1967년에 비준된 유엔의 우주조약에서 "전 인류의 활동 범위가 되어야 하며", 탐색과 활용은 "모든 나라의 이익이 되어야 한다"라고 규정한 우주 공간만큼 이러한 의식을 갖게 하는 데 적절한 공간이 또 어디 있겠는가? 그렇다고 해서 이 공간이 중립적인 공간은 아니다. 지난 반세기 내내 우주는 지구상의 많은 나라들이 경쟁하는 또 하나의 각축장이었다.

냉전 시대 동안 우주는 미국과 구소련이 각자의 힘을 투사하는 몇몇 무대 중 하나였다. 두 강대국은 누가 먼저 우주 궤도에 발사체를 올려놓을지, 그다음엔 누가 먼저 유인 우주선을 띄울지를 놓고 치열한 기술력·군사력 경주를 펼쳤다. 오랫동안 모스크바와 워싱턴은 서로 필적하는 역량을 가진 유일한 나라로서의 지위를 유지했다. 그러나 시간이 지나며 점차 다른 나라들도 가세하기 시작했다.

오늘날 미국과 러시아 외에, 프랑스령 기아나의 쿠루에 우주센터를 두고 있는 유럽연합을 비롯하여 일본·중국·한국·인도·이스라엘·이란·북한 등 십여 개국이 자율적인 발사 수단을 보유하고 있다. 유인 우주선만 해도 러시아와 미국이 1961년부터 이미 유인 우주선을 발사했고, 중국이 2003년에 여기에 합류함으로써 우주에 인간을 보낸 세 번째 나라가 되었다. 엄청난 기술 도약에 힘입어 중국 정부는 그 후 불과 20년 만에 그들만의 유인 우주정거장 설립에도 성공했다. 그동안 미국에 의해 국제우주정거장에서 배제되었던 설움을 씻고 우주 강국으로서의 입지를 굳힌 것이다.

~

하지만 이제 우주 독점은 국가들에만 주어지는 특권이 아니다. 냉전이 종식되며

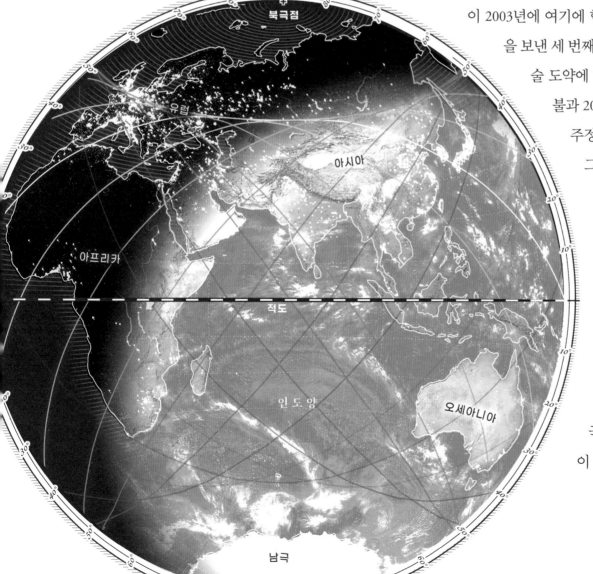

각 나라마다 우주 관련 국가 예산이 현저하게 줄어들었다. 그러자 민간 영역에서 새로운 주역들이 바통을 이어받아 행성 간 탐험을 계획하기 시작했다. 그들은 달은 물론이고 가능하다면 화성까지 유인 우주선 발사 등의 계획을 재개하겠다는 목표로 우주 공략에 나서고 있다. 미국의 억만장자 일론 머스크와 아마존의 창립자 제프 베이조스, 영국의 기업인 리처드 브랜슨은 각각 스페이스 X, 블루 오리진, 버진 갤럭틱이라는 민간 우주 관련 기업을 만들어 '뉴 스페이스'라는 이름으로 널리 알려진 우주 탐사 계획을 진두지휘하는 가장 유명한 주역들이다. 게다가 국제우주정거장으로 미국 우주비행사들을 실어 나르는 임무는 이제 스페이스 X에 맡겨졌다. 스페이스 X는 몇 년 후 달 표면에 착륙하게 될 우주선을 제작할 수 있는 권리까지 획득했다.

한편, 미국은 아폴로 계획을 끝낸 지 50년 만에 2022년 11월 아르테미스 1호를 쏘아 올림으로써 공식적으로 달로의 귀환을 선포했다. 이로써 달 탐사 우주선 발사의 길이 새롭게 열렸으며, 이는 지구의 위성으로의 지속적인 왕래를 기대하게 한다.

물론 실제로 우주인들을 로켓에 태워 발사할 수 있는 역량을 가진 나라는 소수에 불과하다. 인간까진 아니더라도 특정 물체를 우주로 발사하는 것 또한 마찬가지다. 천문학적인 비용이 드는 데다 대단히 복잡한 기술 산업 연계가 필요하기 때문이다. 반면 우주 궤도에 안착시킬 수 있는 위성을 제작할 수 있는 나라와 민간 기업의 수는 눈에 띄게 증가하고 있다. 세계 최초의 인공위성 스푸트니크호는 1957년에 구소련이 쏘아 올렸다. 그로부터 70년이 좀 못 된 현시점에, 유엔우주업무사무소UNOOSA는 인공위성의 수가 1만 928개에 이른다고 발표했다. 2022년 한 해 동안에만 2046개의 인공위성이 발사되었는데, 역사상 우주 활동이 가장 활발했던 해로 기록되고 있다. 국가가 쏘아 올렸든(미국은 약 8160개, 러시아는 3670개의 위성을 보유하고 있으며 중국이 900개로 두 나라의 뒤를 쫓고 있다. 179개의 위성을 보유한 프랑스는 이들에 비해 한참 뒤처진다) 민간 기업이 궤도에

올려 보냈든 이 위성들은 지구 관측(예를 들어 유럽연합의 코페르니쿠스 계획), 과학적 자료 수집, 내비게이션 정보 수집(미국의 GPS나 그보다 훨씬 최근에 출현한 유럽의 갈릴레오 등), 무엇보다도 통신 같은 분야에서 수많은 임무를 수행한다.

인공위성들은 각기 다른 높이에서 운행 중이긴 하나, 이 위성들이 밀집함으로써 생겨난 위험성은 무시할 수 없다. 낡거나 고장 난 기계들을 대기권 밖으로 밀어낼 적절한 해결책이 없어서 우주 폐기물이 계속 쌓이고 있다. 이는 새로운 위성 발사에 심각한 위험이 될 수 있다. 2021년 11월, 미국으로부터 "위험천만인 데다 무책임하게" 위성 공격무기를 발사해서 ISS에서 근무 중인 인력을 긴급 대피시키는 절차를 고려하게 했다는 비난을 받자, 모스크바의 러시아 정부는 1982년부터 운항 중이던 낡은 엔진들 가운데 하나를 폭파시키고자 시험 발사를 했음을 인정했다.

이처럼 '별들의 전쟁'을 상기시키는 분위기에도 불구하고, 우주는 역설적으로 들릴지도 모르겠지만 우크라이나 침공 이후 러시아와 미국(친 미국 서방국가들) 사이에 몇 개 남지 않은 협력 공간 가운데 하나이기도 하다. 무력 갈등 초기에 러시아 우주국 대표(그는 그 후 사임했다)의 입을 통해 쏟아져 나온 "우주정거장을 궤도 이탈시켜 미국 상공에서 추락시키겠다"라는 험상궂은 위협에도, 우주에서의 미국과 러시아의 협력 관계는 여전히 현재 진행 중이다.

바스티

테라 시레눔

2023년 3월 2일, 스페이스 X 소속 발사체엔 두 명의 미국인, 한 명의 러시아인 우주비행사가 탑승했으며, 이들은 함께 우주정거장으로 날아갔다. 공공의 이익과 사적인 이익 사이에서, 경쟁과 협력 사이에서, 우주 개발을 둘러싼 외교는 새로운 시대를 맞고 있다.

알리스

평원

올림푸스산

알리아고원

과학 연구에 바쳐진 국제우주정거장은 여러 나라의 우주항공청(미국·러시아·유럽연합·일본·캐나다 등)이 힘을 합해 빚어낸 성과. 1998년에 착공하여 2000년부터 가동하기 시작한 이 정거장엔 첫 가동일 이후 줄곧 인력이 배치되고 있다.

우주정거장은 이른바 지구 저궤도, 즉 고도 400킬로미터 상공을 시간당 평균 2만 7000킬로미터의 속도로 이동한다. 길이 109미터, 너비 73미터, 무게 419톤에 이르는 우주정거장은 인간이 우주로 쏘아 올린 가장 무거운 물체다. 가격이 무려 1500억 달러나 되니 가장 비싼 물체이기도 하다. 현재까지 250명이 넘는 우주 조종사가 그곳에 체류했다.

미국 항공우주국 나사는 우주정거장이라는 대모험을 2031년에 끝낼 예정인데, 그러기 위해서 2026년부터 서서히 궤도를 이탈할 예정이다. 나사는 우주정거장 폐기의 이유로 기계의 노화 외에도 과학 분야에 점점 더 많은 투자를 하는 민간으로의 사업 이양 방침을 내세우고 있다.

국제우주정거장의 이동 경로

북극점

서반구

북아메리카

대서양

적도

남아메리카

태평양

남극

남극점

람베
축척
출처: Natu

우주 기지

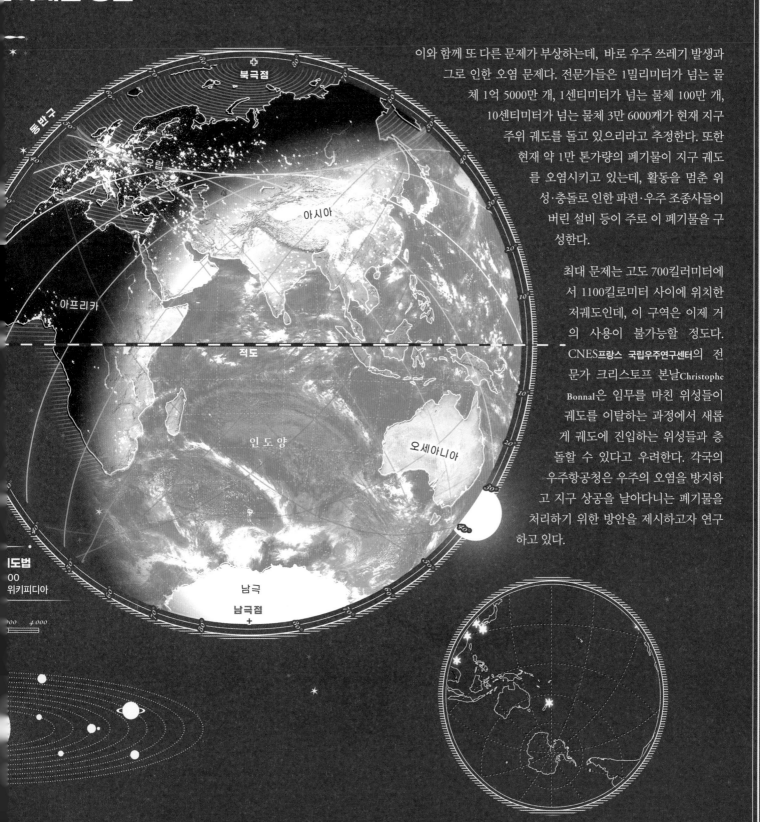

세계지도
들어내는 성운

이와 함께 또 다른 문제가 부상하는데, 바로 우주 쓰레기 발생과 그로 인한 오염 문제다. 전문가들은 1밀리미터가 넘는 물체 1억 5000만 개, 1센티미터가 넘는 물체 100만 개, 10센티미터가 넘는 물체 3만 6000개가 현재 지구 주위 궤도를 돌고 있으리라고 추정한다. 또한 현재 약 1만 톤가량의 폐기물이 지구 궤도를 오염시키고 있는데, 활동을 멈춘 위성·충돌로 인한 파편·우주 조종사들이 버린 설비 등이 주로 이 폐기물을 구성한다.

최대 문제는 고도 700킬러미터에서 1100킬로미터 사이에 위치한 저궤도인데, 이 구역은 이제 거의 사용이 불가능할 정도다. CNES프랑스 국립우주연구센터의 전문가 크리스토프 본날Christophe Bonnal은 임무를 마친 위성들이 궤도를 이탈하는 과정에서 새롭게 궤도에 진입하는 위성들과 충돌할 수 있다고 우려한다. 각국의 우주항공청은 우주의 오염을 방지하고 지구 상공을 날아다니는 폐기물을 처리하기 위한 방안을 제시하고자 연구하고 있다.

북극점

동반구

유럽

아시아

아프리카

적도

인 도 양

오세아니아

남극

남극점

도법
00
위키피디아

00   4 000

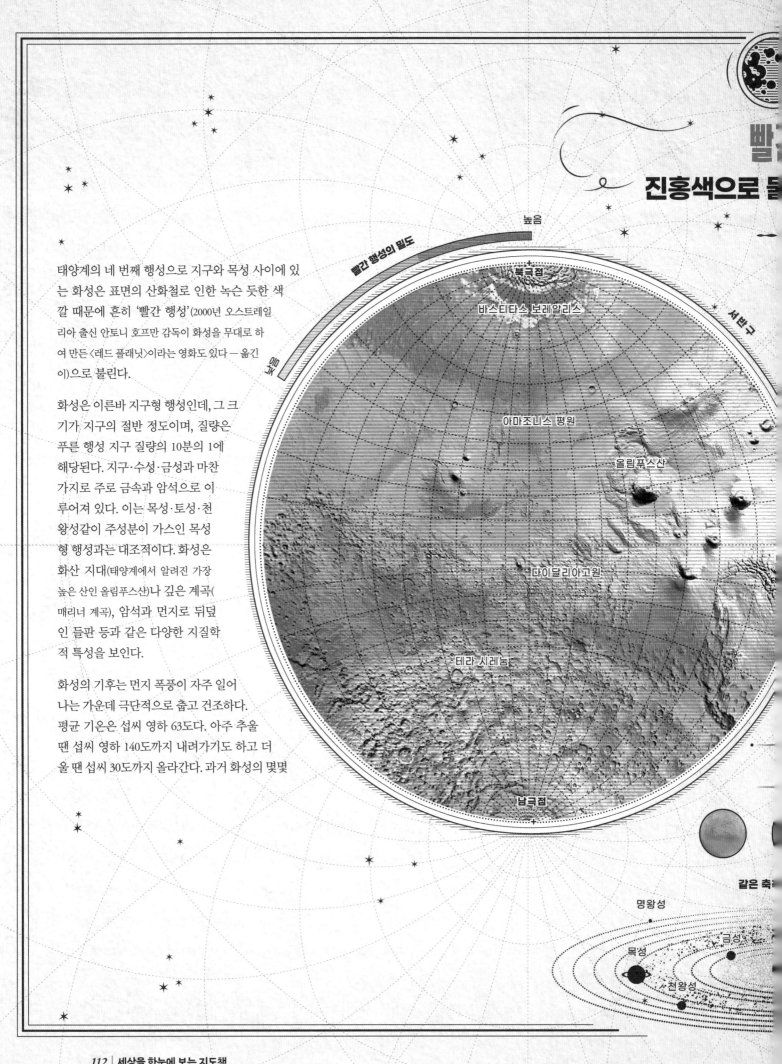

태양계의 네 번째 행성으로 지구와 목성 사이에 있는 화성은 표면의 산화철로 인한 녹슨 듯한 색깔 때문에 흔히 '빨간 행성'(2000년 오스트레일리아 출신 안토니 호프만 감독이 화성을 무대로 하여 만든 〈레드 플래닛〉이라는 영화도 있다—옮긴이)으로 불린다.

화성은 이른바 지구형 행성인데, 그 크기가 지구의 절반 정도이며, 질량은 푸른 행성 지구 질량의 10분의 1에 해당된다. 지구·수성·금성과 마찬가지로 주로 금속과 암석으로 이루어져 있다. 이는 목성·토성·천왕성같이 주성분이 가스인 목성형 행성과는 대조적이다. 화성은 화산 지대(태양계에서 알려진 가장 높은 산인 올림푸스산)나 깊은 계곡(매리너 계곡), 암석과 먼지로 뒤덮인 들판 등과 같은 다양한 지질학적 특성을 보인다.

화성의 기후는 먼지 폭풍이 자주 일어나는 가운데 극단적으로 춥고 건조하다. 평균 기온은 섭씨 영하 63도. 아주 추울 땐 섭씨 영하 140도까지 내려가기도 하고 더울 땐 섭씨 30도까지 올라간다. 과거 화성의 몇몇

높음

빨간 행성의 밀도

낮음

북극점

서반구

바스티타스 보레알리스

아마조니스 평원

올림푸스산

다이달리아고원

테라 시레늄

남극점

같은 축척

명왕성

목성

금성

천왕성

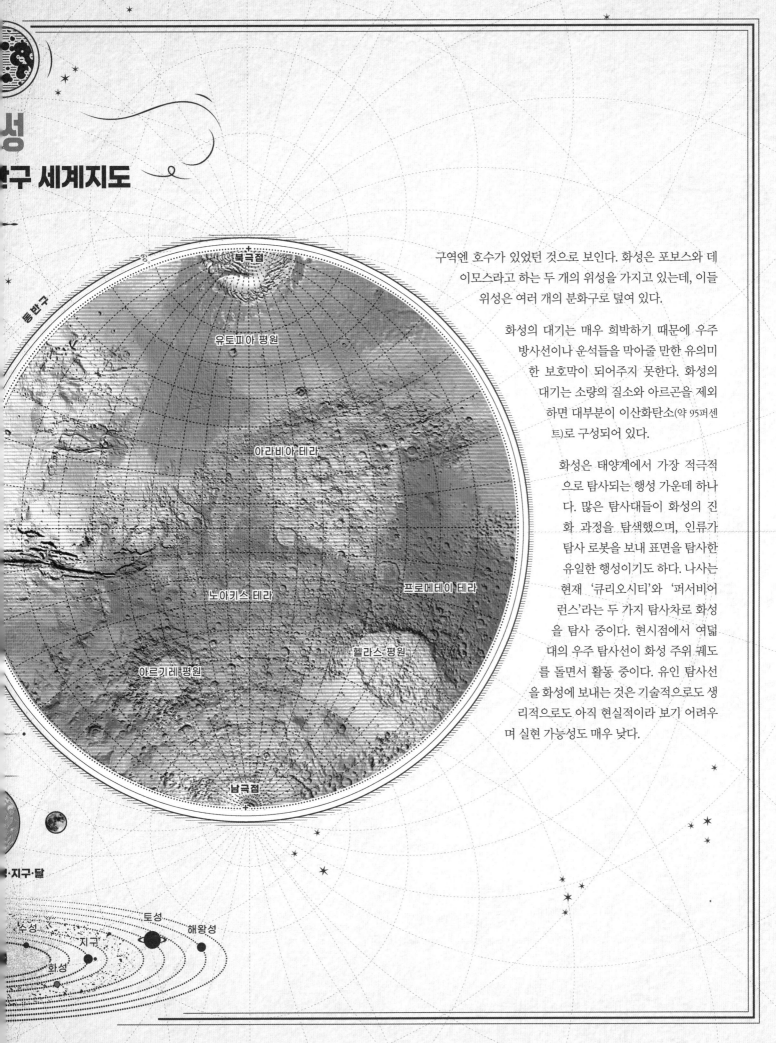

북극점

동반구

유토피아 평원

아라비아 테라

노아키스 테라

프로메테이 테라

헬라스 평원

아르기레 평원

남극점

지구·달

토성

해왕성

소성

지구

화성

구역엔 호수가 있었던 것으로 보인다. 화성은 포보스와 데 이모스라고 하는 두 개의 위성을 가지고 있는데, 이들 위성은 여러 개의 분화구로 덮여 있다.

화성의 대기는 매우 희박하기 때문에 우주 방사선이나 운석들을 막아줄 만한 유의미 한 보호막이 되어주지 못한다. 화성의 대기는 소량의 질소와 아르곤을 제외 하면 대부분이 이산화탄소(약 95퍼센 트)로 구성되어 있다.

화성은 태양계에서 가장 적극적 으로 탐사되는 행성 가운데 하나 다. 많은 탐사대들이 화성의 진 화 과정을 탐색했으며, 인류가 탐사 로봇을 보내 표면을 탐사한 유일한 행성이기도 하다. 나사는 현재 '큐리오시티'와 '퍼서비어 런스'라는 두 가지 탐사차로 화성 을 탐사 중이다. 현시점에서 여덟 대의 우주 탐사선이 화성 주위 궤도 를 돌면서 활동 중이다. 유인 탐사선 을 화성에 보내는 것은 기술적으로도 생 리적으로도 아직 현실적이라 보기 어려우 며 실현 가능성도 매우 낮다.

혹이 많은

지구

달은 45억 1000만 년 전부터 푸른 행성 지구 주위를 도는 유일한 위성이다. 지구에서 38만 4400킬로미터 떨어진 곳에 있으며 직경 3474킬로미터로 지구 직경의 4분의 1 크기로, 매우 약한 중력(지구 중력의 6분의 1)이 작용한다.

달의 형성에 관한 여러 가지 가설이 있다. 가령, 화성 정도 크기의 천체가 지구와 충돌하면서 그 파편들이 서로 엉겨 붙어 달이 만들어졌다는 가설도 있다.

달은 대기가 극도로 희박해서 열을 잡아두지 못한다. 그래서 달의 기온은 섭씨 영하 248도부터 123도를 오갈 정도로 변화가 심하다. 태양계에서 관찰된 최고 추위도 달의 극지방에서 기록되었다. 달 표면에는 과거 활동하던 화산과 분화구가 산재해 있고, 평평한 들판과 용암이 고체화되어 만들어진 달의 바다도 존재한다. 달의 표면은 '레골리스'라고 부르는 먼지와 암석 부스러기로 덮여 있다. 지구에서는

1950년부터 2020년까지 이루어진

○ 달 착륙 ◇ 불시착 또는 충돌 ● 그 외 다른 나라
● 소련, 러시아 ● 중국 ● 유럽

미국

달의 정면

추위의 바다

비의 바다   맑음의 바다

위기의 바다

폭풍의 대양

적도   풍요의 바다

구름의 바다

출처: Natural E
『위대한 발견의
De

0   1 0 0

지구와 태양계 행성들의 위성을 같은 크기로 보는 경우

화성   목성

     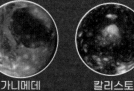

데이모스
달   포보스   이오   유로파   가니메데   칼리스토

반구 지도
성, 달

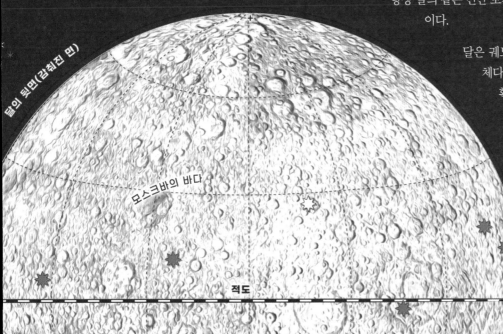

달의 뒷면(감춰진 면)

모스크바의 바다

적도

맑음의 바다

지혜의 바다

박식함의 바다

널 지오그래픽》,
des Grandes
0)

000   4 000

항상 달의 같은 면만 보게 된다. 달과 지구의 회전이 동시적이기 때문이다.

달은 궤도상에서든 표면에서든 가장 많이 탐사된 천체다. 1959년부터 이미 달과 관련한 많은 우주 계획들이 세워져 실행에 옮겨졌다. 최초로 달에 착륙한 우주선은 구소련의 루나 9호로 1966년에 달에 착륙했다. 더구나 달은 인간이 발걸음을 내디딘 유일한 천체이기도 하다. 나사의 아폴로 달 탐사 계획은 1969년 인류 최초로 우주비행사들이 달에 착륙하는 성과를 거두었다. 이후 1972년까지 총 여섯 차례에 걸쳐 유인 우주 탐사선이 달에 갔다. 나사는 2025년 혹은 2026년을 목표로 새로운 달 탐사 계획을 추진 중이다.

지구의 다른 나라도 달에 관심을 보인다. 인도가 특히 적극적인데 2023년 8월 23일에 마침내 찬드라얀 3호를 달에 착륙시키는 데 성공했다. 지금까지 이런 대업을 달성한 나라는 미국과 러시아, 중국, 이렇게 세 나라뿐이었다.

토성 **천왕성** **해왕성** **명왕성***

엔셀라두스 디오네   이아페투스   퍽   아리엘   오베론   네레이드

미마스 테티스   레아   타이탄 히페리온   포이베 미란다   티타니아   프로테우스 트리톤   카론

*명왕성은 2006년에 태양계의 아홉 번째 행성으로서의 지위를 잃었다.

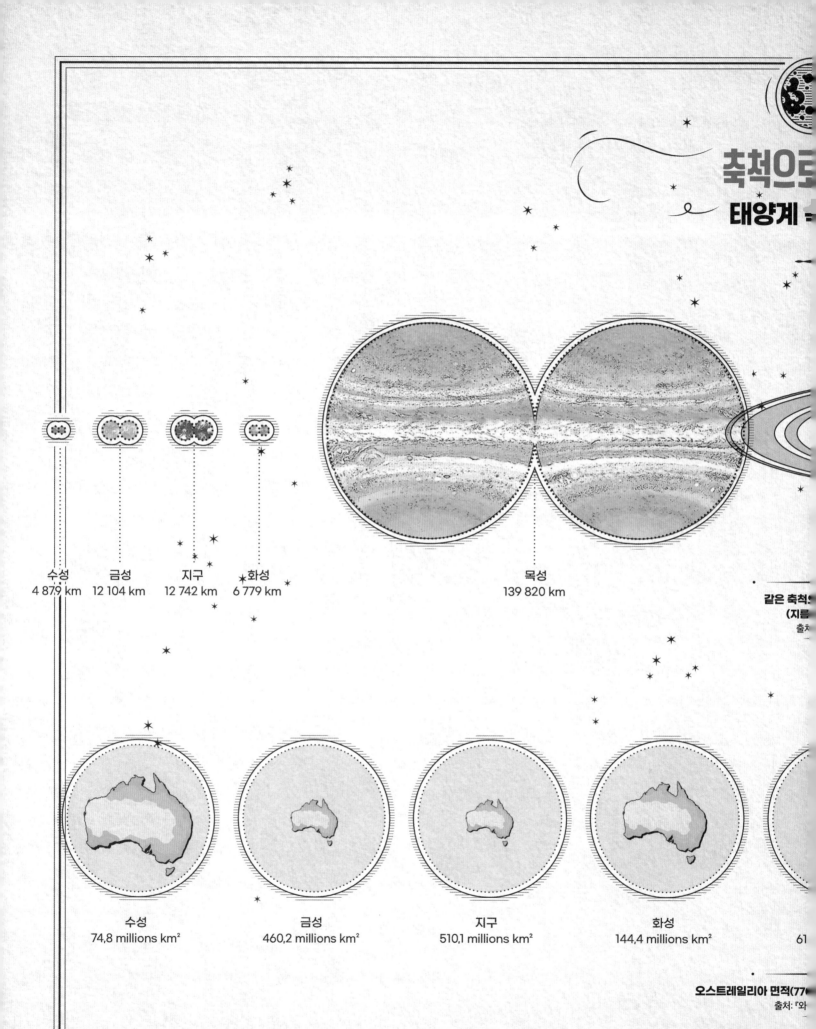

수성
4 879 km

금성
12 104 km

지구
12 742 km

화성
6 779 km

목성
139 820 km

같은 축척
(지름

출처

수성
74,8 millions km²

금성
460,2 millions km²

지구
510,1 millions km²

화성
144,4 millions km²

61

오스트레일리아 면적(77

출처: 『와

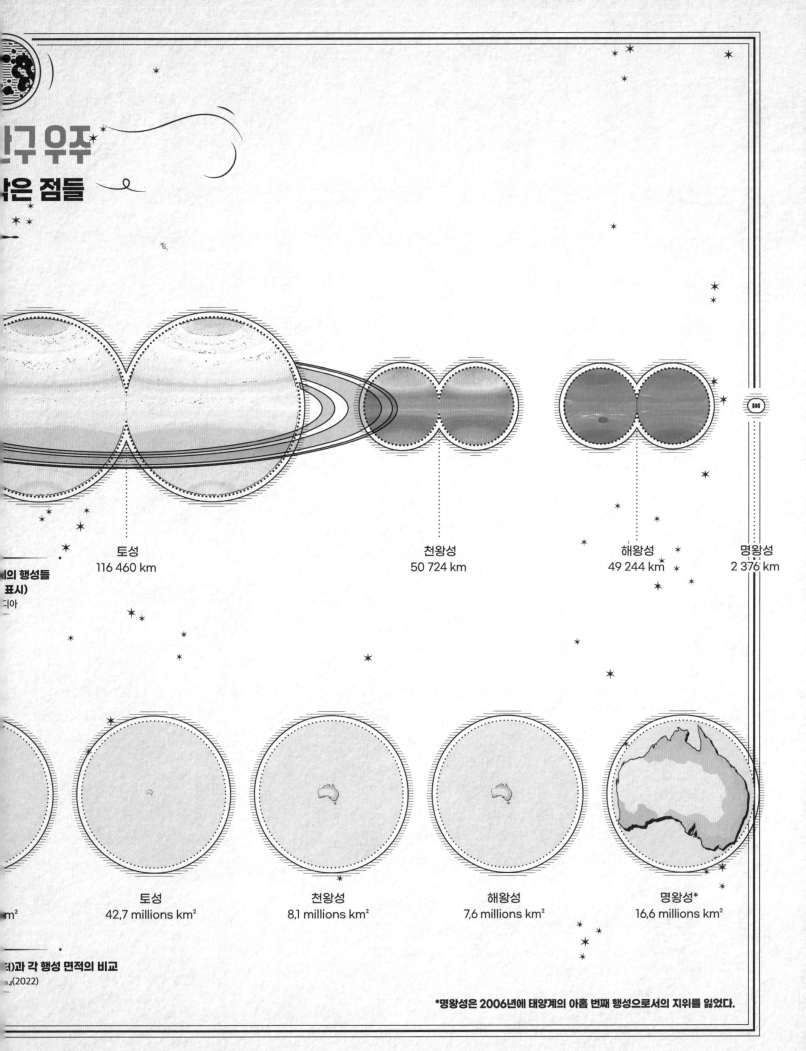

토성
116 460 km

천왕성
50 724 km

해왕성
49 244 km

명왕성
2 376 km

...의 행성들
표시)
...리아

토성
42,7 millions km²

천왕성
8,1 millions km²

해왕성
7,6 millions km²

명왕성*
16,6 millions km²

...과 각 행성 면적의 비교
...(2022)

*명왕성은 2006년에 태양계의 아홉 번째 행성으로서의 지위를 잃었다.

야간 조명으로 인한 공해는 인간 거주 지역의 80퍼센트를 잠식하고 있으며, 지구 주민의 3분의 1 이상이 밤에 은하수를 볼 수 없다. 이탈리아 티에네과학기술연구소의 파비오 팔키Fabio Falchi가 이끄는 연구팀은 '세계 빛 공해 지도'를 통해 이와 같은 사실을 확인했다. 이 야간 지도는 위성 영상 자료 덕분에 만들 수 있었다.

도시의 조명이야말로 야간 오염의 주요 요인이다. 이 때문에 세계의 일부 지역은 영원한 석양 속에서 살아야 하며, 이로 인해 밤에 활동하는 새와 박쥐가 이동하면서 생물다양성이 파괴된다.

빛 공해는 지난 반세기 동안 유럽과 북아메리카에서 해마다 약 6퍼센트씩 심화되었다. 싱가포르는 오염이 가장 심한 나라이며 쿠웨이트·카타르·아랍에미리트가 그 뒤를 바짝 따라붙고 있다. 반대로 아프리카는 가장 오염되지 않은 대륙이다.

불면의 반

인공조명으로 별

세계 조명의 오염 수준, 2020년

오염 없는 자연적인 하늘　　손상된 자연적인 하늘　　소멸된 자연적인 하늘

북극점

유럽

아시아

아프리카

동반구

적도

인도양

오세아니아

출처: NED,
『빛 공해 지도책

0　　1000

튀르키예

키프로스

알레포

라카　하사카

레바논　　홈스　시리아

베이루트　　데이르에조르　모술

팔미라

이스라엘

텔아비브

다마스

요르단강 서안 지구

이라크

요르단

바그다드

2012~2016년 조명의 진화

밝아짐　안정적임　어두워짐

세계지도

나지 않는 밤하늘

북아메리카

대서양

태평양

남아메리카

남극점

남극

나사의 과학자들은 적외선 전방 감시 장치FLIR를 활용하여 2012년부터 2016년까지 지구 표면의 조명 밀집 현상의 추이를 지도화하는 데 성공했다. 이 작업 덕분에 지구에서 한층 더 밝아진 곳과 어둠 속에 잠긴 곳이 확연하게 드러났으며, 이로써 우리는 도시화와 인구 이동 혹은 전쟁이 낳은 결과를 한눈에 볼 수 있게 되었다. 나사의 작업은 천재지변이나 폭격 등으로 전기가 끊긴 지역을 빠른 시간 안에 식별해 냄으로써 구호 활동이나 비정부기구들의 활동에 도움을 주고 있다.

인도가 빠른 시일에 전기화를 달성한 곳이라면, 시리아는 10여 년 동안 지속된 내전 때문에 지도상에서 가장 어두운 지역이 되었다. 국내 전력망은 초토화되었고, 시리아의 이웃 나라들은 수백만 명의 시리아 난민들을 받아들여야 했다.

00
《사이언스》,
Atlas(2020)

000 5 000

2012~2016년 조명의 진화

밝아짐 안정적임 어두워짐

중국

뉴델리 네팔 부탄

파키스탄 자이푸르 러크나우

방글라데시

인도 콜카타

뭄바이

튀르키예

38°N
36°E
그리니치 동쪽
38°
40°

코니아
니데
디야르바키르
바트만

에렐리
카흐라만마라스
아디야만
마르딘
누사이
카미

토러스 산맥
타르수스
아다나
킬리스
산리우르파
하사키
데

카라만
메르신
가지안텝
아자즈
만비즈

칼리키아
이스켄데룬
이스켄데룬
안타키아
알레포
라카
유프라테스강
메소

36°
사만닥
이들리브
알트와르

라르나카
아사드 호수
데이르에조르

키레니아
하마
시 리 아

니코시아
파마구스타
라타키아
홈스
아부카말

키프로스
타르투스
타드무르

파포스
리마솔
트리폴리
안 나베크

34°
지중해
레 바 논
시 리 아 사 막

타드무르
알 루트바

시돈
두마

나바티예
다마스커스

하이파
쿠네이트라

나사렛
수와이다

32°
이르비드

이스라엘
나블루스
다라

텔아비브
알 마프라크

요르단강 서안 지구
암만

라말라
요르단

예루살렘

가자지구
안 나베크

헤브론
사우디아라비아

엘아리쉬
베르셰바
카라크

아

30°
이집트

정거원추도법
출처: ETOPO; Natural Earth Data;
NASA-NOAA-NPP; Acled; James Cheschire,
Atlas of the Invisible, Particular Books

36°
38°

0   50   100   150   200 km

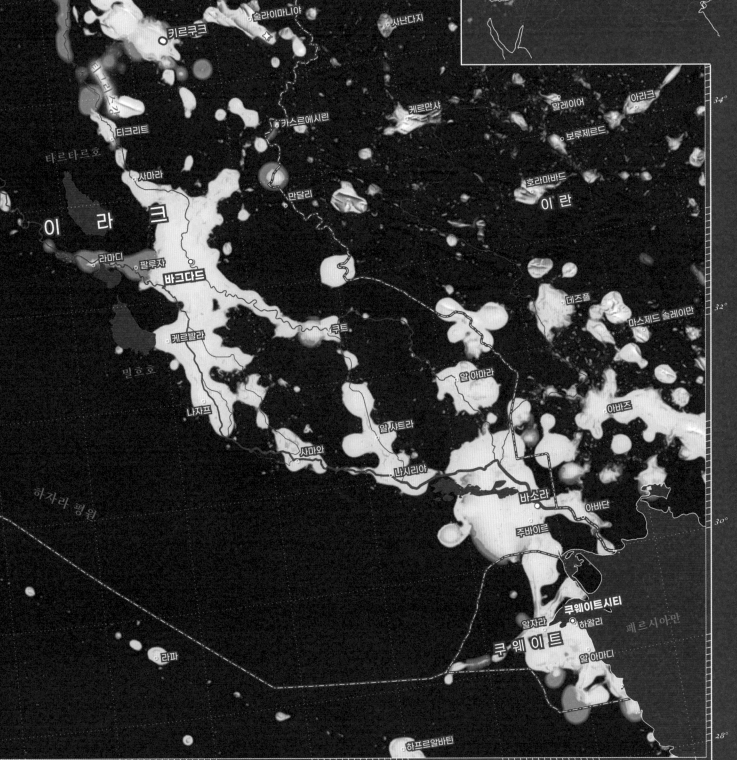

2012~2016년 야간 조명의 진화

덜 환함　　안정적임　　훨씬 환함

✦ **시리아 난민 수용소**
2016년

■ **다수의 사망자를 발생시키는 폭력**
2012~2023년

시리아

이라크

하카리　우르미아　마라게

자호　　마하바드

다후크

탈아파르　모술　아르빌

술라이마니야　비잘

키르쿠크

사난다지

케르만샤　말레이어　아라크

카스르에시린　　보루제르드

티크리트

타르타르호　사마라

만달리　　　호라마바드

이　라　크　　이　란

라마디　팔루자

바그다드

케르발라　　쿠트

밀흐호

데즈풀

마스제드 솔레이만

나자프

알 아마라

아바즈

알 사트라

사마와

나시리야

바소라　아바단

하자라 평원

주바이르

쿠웨이트시티

알자라　하왈리　페르시아만

쿠 웨 이 트

라파　　알아마디

하프르알바틴

121

ALASKA
6 194

CANADA

Mer du Lab...

2 ☒ 070
Pacifique

ÉTATS-UNIS
4 421
-86
Rocheuses

Appalaches

Océan Atlantique

MAROC

AL...

MAURITANIE

MEXIQUE

CUBA
BELIZE HAÏTI
GUATEMALA   Mer des Antilles
NICARAGUA
COSTA-RICA   VENEZUELA
                   2070 + GUYANA
COLOMBIE

SÉNÉGAL
        Sah...
    BURKINA FA...
GUINÉE   NIG...
            TOGO
CÔTE D'IVOIRE   C...

Golfe de Guinée

NULL ISLAN...
00°00'00"
00°00'00"

Equateur

BRÉSIL

PÉROU

Amazonie

Polynéste

BOLIVIE

PARAGUAY
        Andes
    ARGENTINE
        +
    6 959 URUGUAY

        +
        -40

CHILI
    Terre de Feu

ANTARCTIQUE

Pôle Sud
        +

5

❧⟡⟐⟡❧

현미경으로 들여다본 반구 세계지도

: 지도 제작의 원칙들

베하임의 지구본에서 구글맵에 이르기까지

델핀 파팽·프란체스카 파토리

"모든 사회는 문자를 가지고 있다.
문자가 없는 사회라도 지도는 가지고 있었다."
크리스티앙 그라탈루,《우즈벡&리카Usbek et Rica》에 실린 인터뷰 중에서, 2022년

이제는 우리 모두가 휴대전화 덕분에 지구본을 손안에 넣게 되었다. 지구 전체에서부터 우리 집이 위치한 거리에 이르기까지 자유자재로 우리의 위치를 가까이 잡아당겼다가 멀리 물릴 수 있게 된 반면, 안타깝게도 프랑스 국립지리원이 펴낸 유명 지도들을 펼쳤다가 다시 접기를 반복하는, 거의 체조에 가까운 동작은 하지 않게 되었다.

이 같은 지도 혁명, 아니 그보다는 국토 지식에 접근하는 민주화가 이루어진 때는 2000년으로 거슬러 올라간다. 이해에 미국 대통령 빌 클린턴이 군사용 실시간 위치 추적 위성 신호인 GPS를 민간에서 활용할 수 있도록 개방하는 결정을 내렸기 때문이다. 그로부터 5년 후, 구글 지도가 등장하면서 무수히 많은 애플리케이션들이 앞다투어 우리의 움직임을 지리적 좌표를 통해 수집함으로써 (디지털) 이력 추적이 가능해졌다.

그렇다면 우리 모두는 이제 지리학자가 되었을까? 대답은 당연히 '아니요'지만, 우리가 확실히 척도의 변환을 보다 잘 이해하게 된 건 사실이다. 무엇보다도 공간이나 국토에 대한 인식이 더는 엘리트 계층이나 군인에게만 허락된 특권이 아니게 되었다.

실제로 지도는 항상 권력을 안겨주는 물품이거나 군사적 도구였으며 어떠한 결정을 돕는 매개체로 작용해 왔다. 지도를 손에 넣은 자는 지리를 알게 된다. 자원의 위치나 지형, 교각이나 강의 위치를 아는 사람은 그 영토를 제어하고, 심지어 지배할 수 있다. '구글 어스' 같은 도구만 있으면 화면에서 손가락 두 개만 움직여서 아프가니스탄과 파키스탄 국경지대에 놓인 카이바르 고개를 넘는 일도 가능하다. 어린 시절 학교 교실에 붙어 있던 대형 세계지도에서 똑같은 고개를 발견하며 느꼈던 감각과는 확연히 다른 감각이겠지만 말이다.

지도 제작의 비약적인 도약은 진보와 밀접하게 연결되어 있다. 르네상스 시대에 신대륙이 발견되고 항해술과 인쇄술이 발달한 것은 지도 제작법이 발전하는 데 도움을 준 것은 물론, 지도 제작자들에게 괄목할 만한 도약의 기회를 제공했다.

각국의 군왕들은 해도, 즉 해안과 항구를 보여주는 지도와 설명 글이 풍부하게 수록된 지도집과 지구본(지금까지 알려진 최초의 지구본은 1492년 신대륙을 발견하기 불과 몇 주 전에 독일 출신 지도 제작자이자 항해가인 마르틴 베하임Martin Behaim이 발명했다)을 갖고 싶어 했다. 육분의Sextant나 성반astrolabe처럼 보다 정교한 측량 도구가 발명되면서 지도는 한층 정확해지고, 항해가들에게 더욱 유용해졌다. 플랑드르 지방 출신 수학자 헤라르뒤스 메르카토르Gerardus Mercator가 1569년에 지도 투영법으로 원통도법을 제안한 것도 이런 맥락에서였다. 메르카토르 도법은 국지적으로 각도를 보존하며, 테두리선을 비교적 정확하게 보여주지만 지구의 면적을 왜곡시킨다는 약점이 있다. 그렇지만 항해에는 이 도법이 필수적이다.

이와 같은 시기에 프랑스에서는 카시니Cassini 집안이 삼각측량법을 정밀하게 다듬음으로써 지도학의 혁명을 가져온다. 이 덕분에 훨씬 실제에 가까운 프랑스 국토의 윤곽을 알고 그릴 수 있게 되었다. 그전까지는 말이 쉬지 않고 하루에 달린 거리에 날짜를 곱해서 거리를 추정했다.

지도학은 수학과 무척 관련이 깊다. 혹시 오렌지 껍질을 끊어뜨리지 않고 한 줄로 길게 이어지도록 깎거나, 이 껍질을 평면 위에 펼쳐 본 적이 있는가? 가능하긴 하나 형태가 변형되거나 틈새가 벌어질 수밖에 없을 것이다. 그게 바로 구형의 지구를 평면에 표현하려할 때 맞닥뜨리게 되는 문제다. 역사를 통틀어 여러 명의 지도학자들이 각기 다른 투영법을 제안했다. 예를 들어 메르카토르 투영법은 각도를 보존하는 대신 면적을 왜곡하여 그린란드(220만 제곱킬로미터)를 아프리카 대륙(3040만 제곱킬로미터)보다 크게 보이게 했다. 1960년대 독일의 아르노 페터스Arno Peters가 만든 페터스 투영법은 적도 부근에 위치한 지역에 유리한 결과값을 보이므로 제3세계 운동권에서 환영받았다. 그런가 하면 이 두 방식 사이에서 균형을 추구하려는 방식도 존재했다. 어쨌든 투영법은 필요하고, 여러 방식 가운데 하나를 택해야 하는 입장이고 보니 사실 모든 지도는 '잘못되었다'고도 말할 수 있을 정도다.

여러 시대를 거치면서 지도학자는 지구의 윤곽과 국가 간의 경계, 도시와 거리를 최대한 정확하게 나타내고자 노력함으로써 중요한 역할을 수행해 왔다. 오늘날 참여형 지도 제작 사이트들은 우리 모두가 지도 제작자가 될 수 있으며, 누리꾼들이 제공한 정보를 통해 국토 지식이 점점 풍성해지는 오픈스트리트맵OpenStreetMap에서 보듯이, 서로 도와야 한다고 생각하도록 이끈다. 이러한 지도는 인구 밀도가 높고 인터넷 접근이 쉬운 곳에서는 대단히 정확해 보이나, 인구 밀도가 낮고 인터넷 접속이 쉽지 않은 곳에서는 거의 존재하지 않는다.

마지막으로, 지도는 공간에서 자신의 위치를 파악할 때만 필요한 것이 아니다. 세계를 이해하는 도구이기도 하다. 그런 의미에서 주제도土題圖, 즉 특정 주제를 집중적으로 다루는 지도는 한 나라의 경제나 자원, 영토에 사는 인구 등을 이해하는 데 매우 유용하다. 물론 그 지도를 읽고 쓸 줄 알아야겠지만 말이다.

프랑스의 자크 베르탱Jacques Bertin이라는 인물은 지도학자로, 1970년대에 지도의 그래픽 규칙을 정한다. 그는 지도 제작자를 위한 일종의 문법, 다시 말해서 그래픽 기호학 또는 데이터의 그래픽 재현 과학이라 할 만한 것을 제안한다. 그 전까지 좋은 재현이란 극단적으로 정확한 것을 의미했다. 그랬던 것이 베르탱의 등장과 함께 소통의 효율성, 지도학적 메시지의 효율성 쪽으로 우선순위가 넘어갔다. 점의 크기나 선의 굵기 또는 형태는 지도를 읽는 독자들에게 한눈에 지도를 이해할 수 있도록 도움을 주어야 한다는 것이다. 이러한 문법은 오늘날에도 여전히 지도 제작 언어에 사용되고 있다. 지도 제작자는 과학과 예술, 데이터와 시각적 측면, 정확성과 심미성 사이에서 균형을 추구하며 자신만의 개성 있는 그래픽을 선보인다. 색상도 관건인데, 한 가지 색의 명도를 달리함으로써 서열적인 의미뿐만 아니라 기준점(파란색은 바다)을 표현할 수도 있고, 두 가지 현상(추위와 더위, 긍정적인 것과 부정적인 것, 갈등 중인 두 주체 등)을 대비시킬 수도 있다. 색상은 특히 시각적으로 중요한 의미를 갖는데, 색상의 선택은 절대 중립적이지 않으므로 자주 논란의 대상이 된다.

지도는 즉각적이고 직접적인 메시지를 전달하기 때문에, 글에서처럼 미묘한 뉘앙

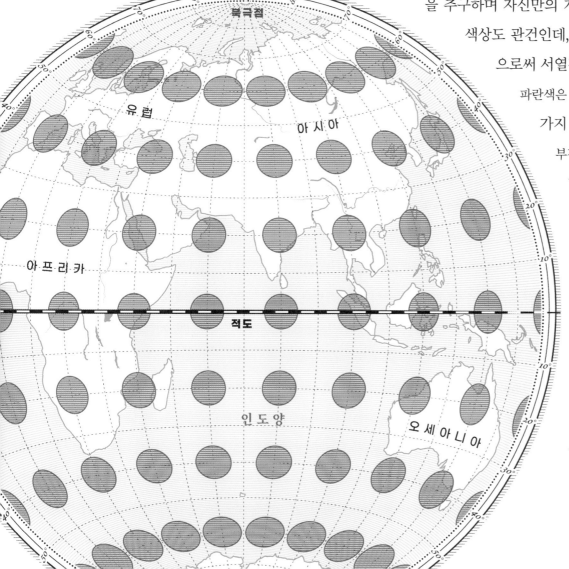

스를 드러내지 못한다. 그렇기 때문에 지도 제작자가 바다에 하나의 이름을 적어 넣는 순간, 어떤 군대를 표현하기 위해 하나의 색상을 선택하는 순간, 또는 하나의 투영법을 선택하는 순간, 그에게는 책임이 따르게 된다. 지도는 절대 중립적이지 않으며, 바로 그것이 지도의 힘이자 한계가 된다.

난처한

완전한 평면도 아니

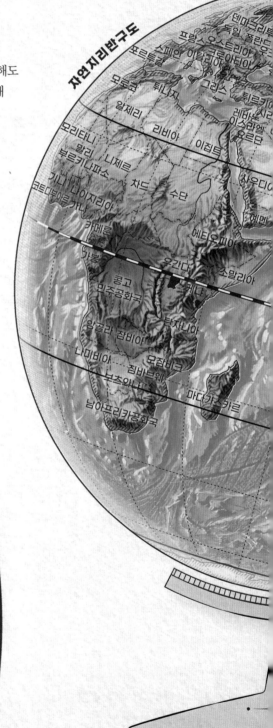

자연지리반구도

오늘날엔 지구본이 한낱 장식품이 되어버렸지만, 처음 출현했을 때만 해도 계산과 관측을 위한 과학적인 도구였다. 독일의 지도 제작자이자 항해가인 마르틴 베하임이 뉘른베르크에서 최초의 지구본을 만든 때는 1492년이었다. 금속으로 제작된 이 지구본의 지름은 51센티미터였다. 당시 아메리카와 오스트레일리아는 아직 지구본에 표시되지 않았다.

르네상스 시대부터 현대에 이르기까지 지구본의 제작 조건은 거의 달라지지 않았다. 기본 원리는 방추형 조각들을 종이 반죽이나 석고로 만든 구 위에 나란히 붙이는 것이다. 적도를 기준으로 각각 30도 간격으로 자른 방추형 조각들을 평면의 종이 위에 그린 다음 합하는데, 처음엔 한 조각씩 그리다가 나중엔 석판화와 금속판화 기술을 이용해 보다 커진 형태로 재생산했다. 이 조각들은 접착 풀 속에 담갔다가 구 위에 배치한다. 굉장한 정확성과 숙련된 솜씨가 필요한 단계다. 17세기엔 플랑드르 지역의 지도 제작 전통에 따라 암스테르담이 지구본 제작 분야의 강자로 군림했으며, 특히 지도학자 빌럼 블라우Willem Blaeu가 그 구심점 역할을 했다.

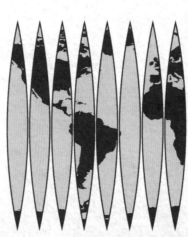

지구본 제작에
사용되는 분할면

출처: Nat

카자흐스탄
우즈베키스탄
르크메니스탄
키르기스스탄
몽골
아프가니스탄
타지키스탄
파키스탄
북한
중국
한국 일본
네팔
부탄
인도
방글라데시
미얀마
베트남
타이완
라오스
태국
캄보디아
스리랑카
필리핀
말레이시아 브루나이
인도네시아
오스트레일리아

정치반구도

톰 패터슨

런던 북부 지역에 자리한 지도공방 벨러바이 앤 코 글로브메이커 스Bellerby&Co. Globemakers에서는 2008년부터 온갖 크기의 지구본을 장인 방식으로 제작하고 있다. 수작업을 고수하는 세계적으로 매우 희귀한 공방 가운데 하나다.

대형 지구본은 석고로 만든 두 개의 반구를 접합시켜 제작하는 반면, 소형 지구본은 수지로 만든다. 세 명의 지도학자가 이 공방에서 일하며, 기본적인 현대 지도를 제작하고 있다. 고객들은 이곳에서 특별한 일러스트레이션을 곁들여 자신만의 지도를 만들 수 있다. 지도들은 인쇄에서 재단, 수정에 이르기까지 모두 수작업을 통해 제작된다.

이 공방은 놀라울 정도로 많은 지구본을 선보인다. 지름이 22센티미터짜리인 것부터 1.27미터짜리인 것도 있다. 가격 또한 1000유로에서 8만 유로까지 다양하다.

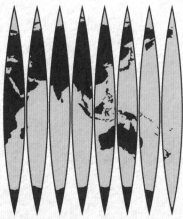

지구본 제작에
사용되는 분할면

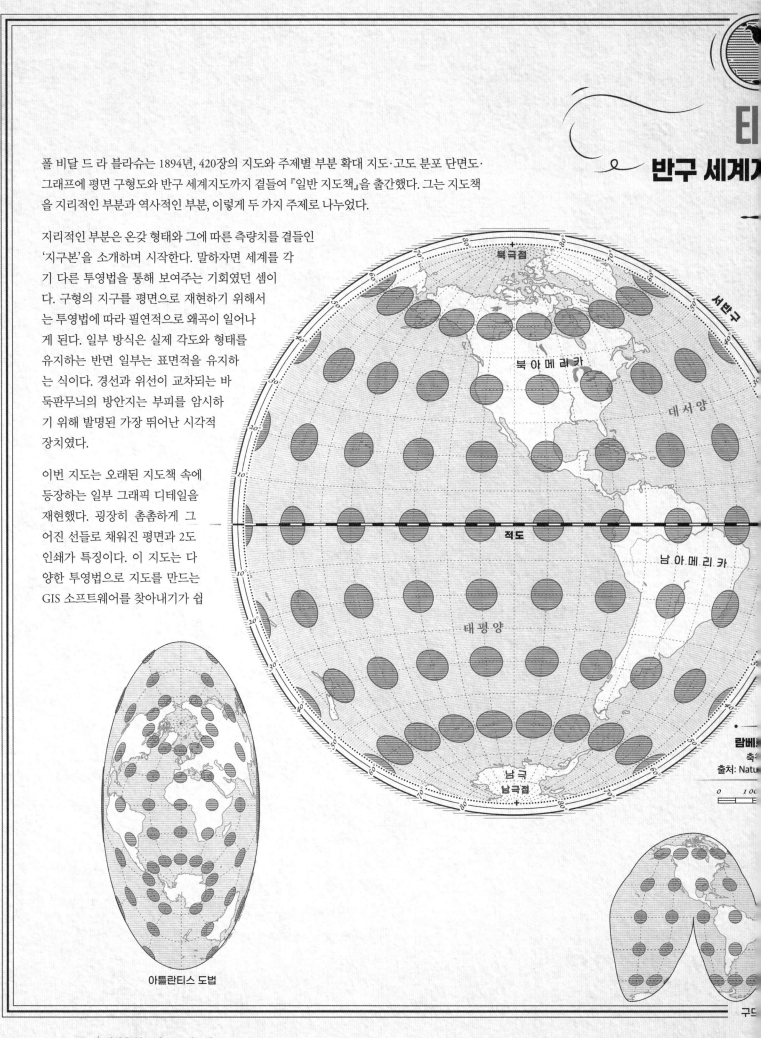

폴 비달 드 라 블라슈는 1894년, 420장의 지도와 주제별 부분 확대 지도·고도 분포 단면도·그래프에 평면 구형도와 반구 세계지도까지 곁들여『일반 지도책』을 출간했다. 그는 지도책을 지리적인 부분과 역사적인 부분, 이렇게 두 가지 주제로 나누었다.

지리적인 부분은 온갖 형태와 그에 따른 측량치를 곁들인 '지구본'을 소개하며 시작한다. 말하자면 세계를 각기 다른 투영법을 통해 보여주는 기회였던 셈이다. 구형의 지구를 평면으로 재현하기 위해서는 투영법에 따라 필연적으로 왜곡이 일어나게 된다. 일부 방식은 실제 각도와 형태를 유지하는 반면 일부는 표면적을 유지하는 식이다. 경선과 위선이 교차되는 바둑판무늬의 방안지는 부피를 암시하기 위해 발명된 가장 뛰어난 시각적 장치였다.

이번 지도는 오래된 지도책 속에 등장하는 일부 그래픽 디테일을 재현했다. 굉장히 촘촘하게 그어진 선들로 채워진 평면과 2도 인쇄가 특징이다. 이 지도는 다양한 투영법으로 지도를 만드는 GIS 소프트웨어를 찾아내기가 쉽

북극점

서반구

북아메리카

대서양

적도

남아메리카

태평양

람베

축척

출처: Natu

0   100

남극
남극점

아틀란티스 도법

구드

지 않음을 새삼 상기시킨다. 이러한 어려움은 예전 지도책에서는 볼 수 있었으나 오늘날엔 기술적인 이유로 사라져 버린 투영도(예를 들어 버터플라이나 아틀란티스 투영)를 활용할 수 없게 만든다.

각종 투영법에 따른 왜곡의 정도를 측정하기 위해 프랑스 지도 학자 니콜라 오귀스트 티소Nicolas Auguste Tissot는 1851년 에 그의 이름을 딴 지표를 발명했다. 그에 따라 각기 다른 위선들 위에 놓인 원들이 별자리처럼 지구 를 수놓게 되었다. 티소 타원의 왜곡은 사용된 투영법이 형태와 각도, 면적에 어떤 영향을 끼치는지 한눈에 식별하게 해준다.

이 지도책에서는 두 개의 투영법이 중점적으로 사용되었다. 첫 번째는 람베르트 정적방위도법projection azimutale équivalente de Lambert으로, 이 방법에 따르면 표면적은 유지 되나 대륙의 형태는 왜곡된다. 두 번째는 방위도법 중 평사도법 projection azimutale stéréographique 인데, 이는 첫 번째 방법과는 반 대로 형태를 보전하는 대신 면적 을 왜곡시킨다.

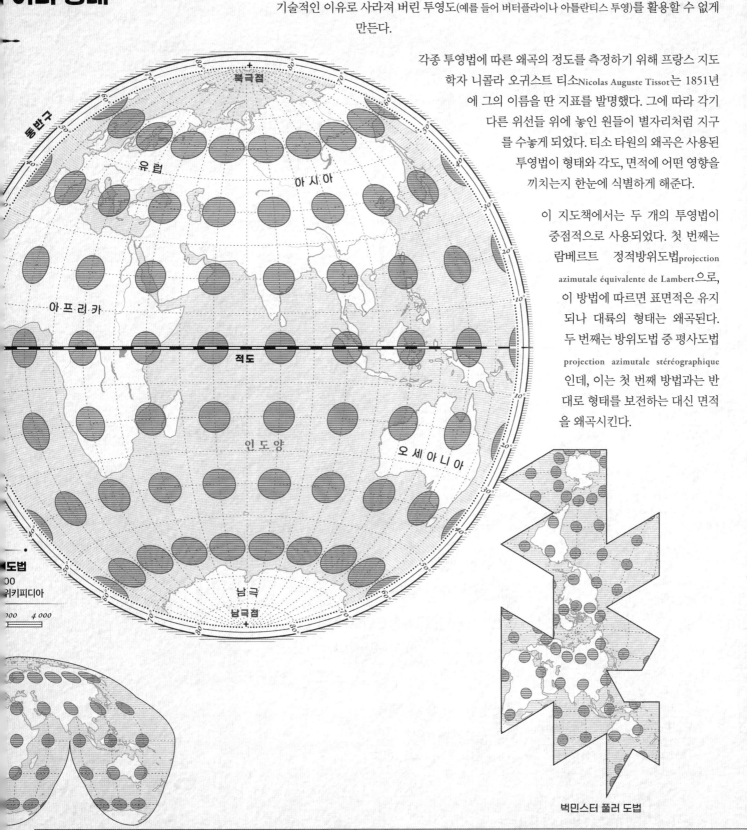

벅민스터 풀러 도법

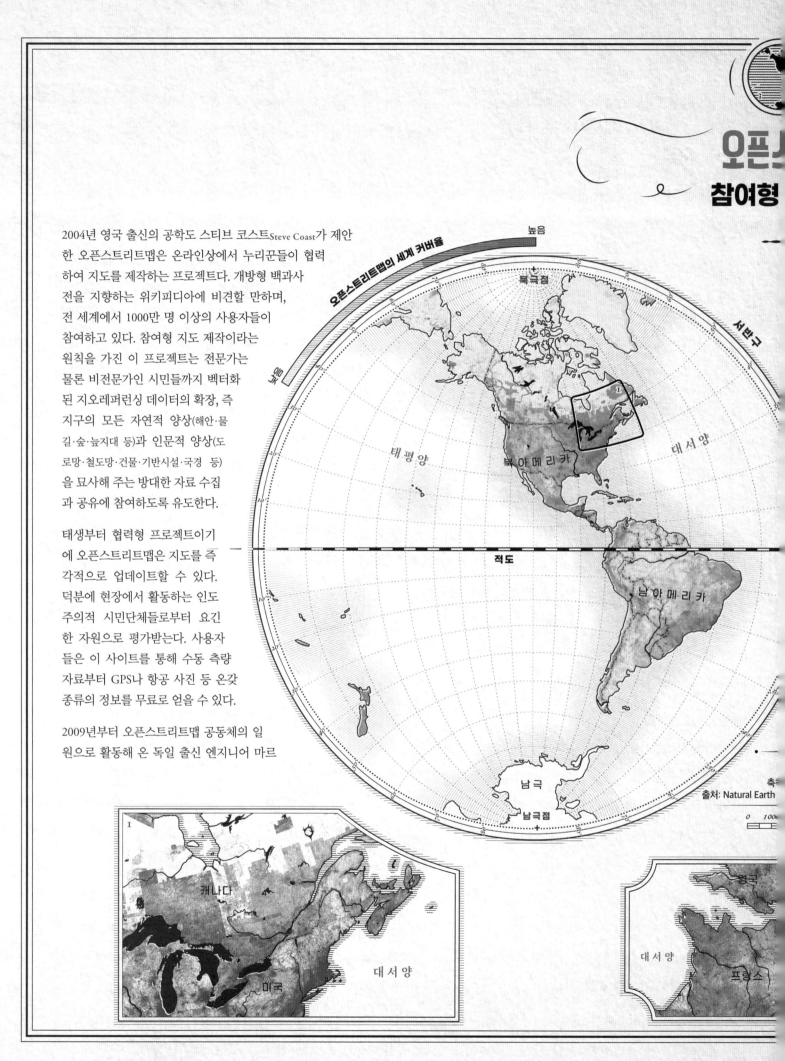

2004년 영국 출신의 공학도 스티브 코스트Steve Coast가 제안한 오픈스트리트맵은 온라인상에서 누리꾼들이 협력하여 지도를 제작하는 프로젝트다. 개방형 백과사전을 지향하는 위키피디아에 비견할 만하며, 전 세계에서 1000만 명 이상의 사용자들이 참여하고 있다. 참여형 지도 제작이라는 원칙을 가진 이 프로젝트는 전문가는 물론 비전문가인 시민들까지 벡터화된 지오레퍼런싱 데이터의 확장, 즉 지구의 모든 자연적 양상(해안·물길·숲·늪지대 등)과 인문적 양상(도로망·철도망·건물·기반시설·국경 등)을 묘사해 주는 방대한 자료 수집과 공유에 참여하도록 유도한다.

태생부터 협력형 프로젝트이기에 오픈스트리트맵은 지도를 즉각적으로 업데이트할 수 있다. 덕분에 현장에서 활동하는 인도주의적 시민단체들로부터 요긴한 자원으로 평가받는다. 사용자들은 이 사이트를 통해 수동 측량 자료부터 GPS나 항공 사진 등 온갖 종류의 정보를 무료로 얻을 수 있다.

2009년부터 오픈스트리트맵 공동체의 일원으로 활동해 온 독일 출신 엔지니어 마르

오픈스트리트맵의 세계 커버율

높음

북극점

서반구

경도

태평양

북 아 메 리 카

대 서 양

적도

남 아 메 리 카

남극

남극점

축척

출처: Natural Earth

0   100

I

캐나다

미국

대 서 양

영국

대 서 양

프랑스

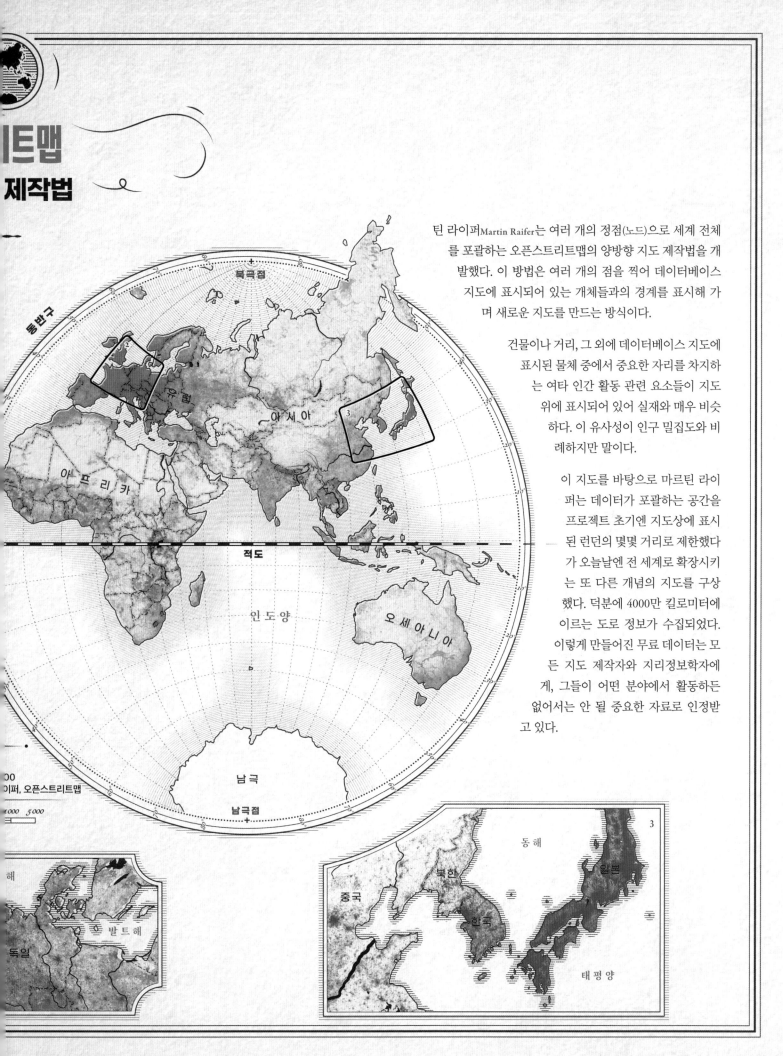

트맵

제작법

틴 라이퍼Martin Raifer는 여러 개의 정점(노드)으로 세계 전체를 포괄하는 오픈스트리트맵의 양방향 지도 제작법을 개발했다. 이 방법은 여러 개의 점을 찍어 데이터베이스 지도에 표시되어 있는 개체들과의 경계를 표시해 가며 새로운 지도를 만드는 방식이다.

건물이나 거리, 그 외에 데이터베이스 지도에 표시된 물체 중에서 중요한 자리를 차지하는 여타 인간 활동 관련 요소들이 지도 위에 표시되어 있어 실재와 매우 비슷하다. 이 유사성이 인구 밀집도와 비례하지만 말이다.

이 지도를 바탕으로 마르틴 라이퍼는 데이터가 포괄하는 공간을 프로젝트 초기엔 지도상에 표시된 런던의 몇몇 거리로 제한했다가 오늘날엔 전 세계로 확장시키는 또 다른 개념의 지도를 구상했다. 덕분에 4000만 킬로미터에 이르는 도로 정보가 수집되었다. 이렇게 만들어진 무료 데이터는 모든 지도 제작자와 지리정보학자에게, 그들이 어떤 분야에서 활동하든 없어서는 안 될 중요한 자료로 인정받고 있다.

북극점

동반구

유럽

아시아

아프리카

적도

인도양

오세아니아

남극

남극점

00

이퍼, 오픈스트리트맵

4000 5000

해

독일 발트해

동해

중국 북한 일본

한국

태평양

그래픽 기호학의 아버지라고 불리는 자크 베르탱(1918-2010)은 20세기에 활동한 프랑스 지도학자 가운데 가장 유명한 이론가로 손꼽힌다. 그는 그래픽 기호학을 '지도 제작에 쓰이는 기호와 상징의 적절한 사용을 위한 규칙들의 총체'라고 정의했다. 1934년 파리대학교 부설 지도제작 학교(훗날 지도제작과정 DESS으로 바뀌었다가 그 후 다시 지리정보학 석사 과정Master Carthagéo으로 바뀌었다)를 졸업한 그가 1960년대에 이룬 업적(대표 저서 『그래픽 기호학』은 1967년에 출간되었다)은 오늘날 지도 제작을 할 때 필수적인 협약과 규범의 근간이 되고 있다.

이런 규칙들은 우리가 육안으로 지각한 것을 토대로 하며 시각적인 변수라는 이름으로 불리는 기존의 재현 방식(크기·색상·방향·형태···) 전체를 포괄한다.

지도의 제작과 활용은 학교에서 사용하는 지리부도와 교과서를 넘어서 사회 각 분야로 광범위하게 확산되었다. 이미 언론계(《르몽드》에 최초로 베르코르고원 지도가 실린 때는 1945년 8월 7일이었다)를 장악했고, 지금도 SNS를 통해 인기를 얻고 있다. 이 중에는 그래픽

지표면의 기복(수심 측량과 고도 측정)
단위는 미터

8 848 m

-10 200 m

북극점

서반구

태평양

북 아 메 리 카

대서양

적도

남 아 메 리 카

남극

남극점

나라별 인구,
2022년, 단위는 100만 명

| 0 | 10 | 100 | 500 | 1 000 | 1 400 |

축척
출처: Natur

동일한 축척

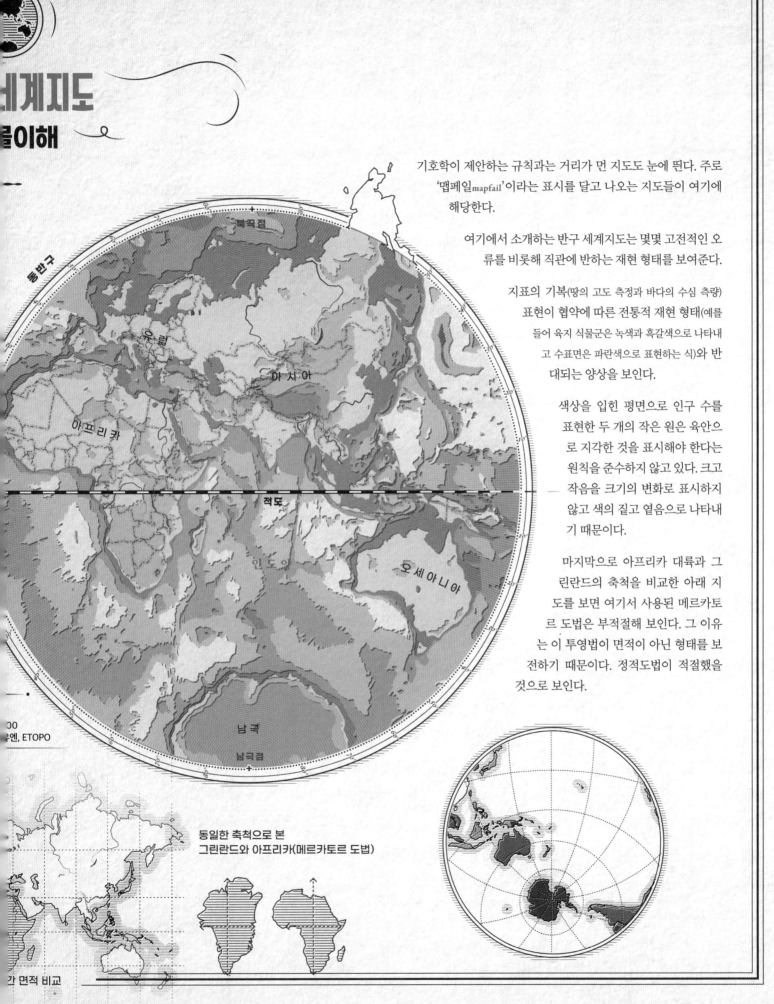

기호학이 제안하는 규칙과는 거리가 먼 지도도 눈에 띈다. 주로 '맵페일mapfail'이라는 표시를 달고 나오는 지도들이 여기에 해당한다.

여기에서 소개하는 반구 세계지도는 몇몇 고전적인 오류를 비롯해 직관에 반하는 재현 형태를 보여준다.

지표의 기복(땅의 고도 측정과 바다의 수심 측량) 표현이 협약에 따른 전통적 재현 형태(예를 들어 육지 식물군은 녹색과 흑갈색으로 나타내고 수표면은 파란색으로 표현하는 식)와 반대되는 양상을 보인다.

색상을 입힌 평면으로 인구 수를 표현한 두 개의 작은 원은 육안으로 지각한 것을 표시해야 한다는 원칙을 준수하지 않고 있다. 크고 작음을 크기의 변화로 표시하지 않고 색의 짙고 옅음으로 나타내기 때문이다.

마지막으로 아프리카 대륙과 그린란드의 축척을 비교한 아래 지도를 보면 여기서 사용된 메르카토르 도법은 부적절해 보인다. 그 이유는 이 투영법이 면적이 아닌 형태를 보전하기 때문이다. 정적도법이 적절했을 것으로 보인다.

동반구

북극점

유럽

아시아

아프리카

적도

인도양

오세아니아

남극

남극점

OO
웬, ETOPO

동일한 축척으로 본
그린란드와 아프리카(메르카토르 도법)

가 면적 비교

대척점 반
세계 7

프랑스 소설가 쥘 베른은 『지구 속 여행』을 썼다. 그 주인공 오토 리덴브로크 교수의 발자취를 따라가는 격인 대척점 지도는 지구의 한쪽 끝에서 중심의 핵을 가로질러 다른 쪽 끝에 이르는 1만 2000킬로미터 길이의 줄을 이어본다고 할 때, '우리 발 밑엔 과연 무엇이 있는가'라는 질문에 답하는 지도다.

그리스어에서 '반대편 발'을 뜻하는 '안티포드antipode', 즉 대척점이라는 용어는 유럽의 반대편에 위치한 지역인 오세아니아를 가리키는 말이었다. 이 지역, 조금 더 정확하게 말하자면 뉴질랜드 남부엔 실제로 '안티포데스 제도les Îles Antipodes'라는 이름을 가진 곳도 존재하는데, 이 제도의 대척점은 프랑스 코탕탱반도의 셰르부르에서 멀지 않은 곳이다.

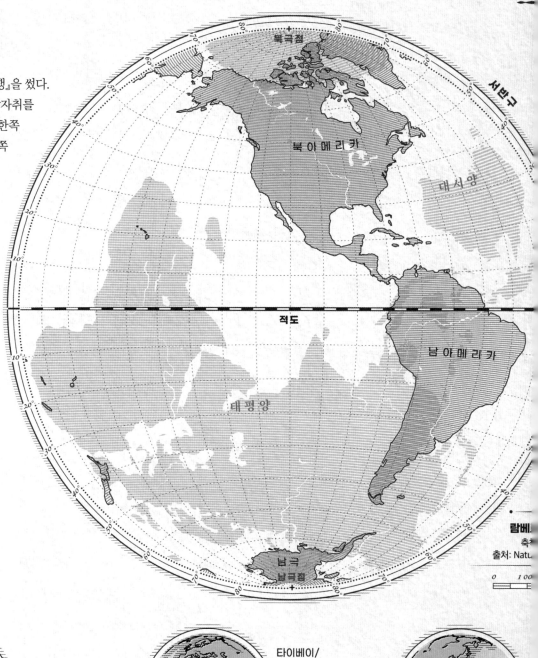

람베
축척
출처: Natu

살라망카/스페인
웰링턴/뉴질랜드

타이베이/대만
아순시온/파라과이

하르툼/수단

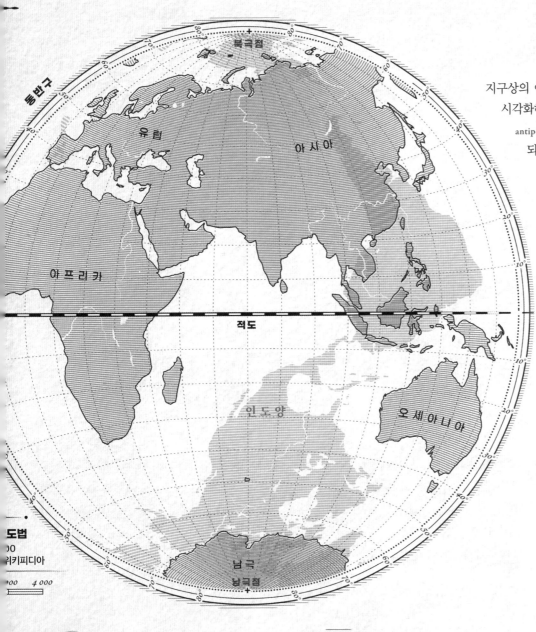

지구상의 어느 지점에서든 그 지점의 대척점을 시각화하려는 목적으로 2013년, '대척점 지도 antipods Map'라고 하는 양방향 지도가 구상되었다.

지구 표면의 71퍼센트는 물로 덮여 있기에 육지에 대척점이 있는 경우는 매우 드물다. 좀 더 정확하게 말하면, 육지 표면의 4퍼센트만이 다른 육지에 대척점을 두고 있다.

가장 큰 대척 지대는 남아메리카 대륙(아르헨티나와 칠레)과 동아시아(몽골과 중국)에 있다. 남극 동토의 대척점은 짐작한 대로 얼어붙은 북극해에 위치한다.

다른 대도시에 대척점이 있는 대도시는 더욱 드문데, 그중 몇몇 사례를 아래 작은 지구본에 표시해 두었다.

이르쿠츠크/러시아

도하/카타르

핏케언섬/영국

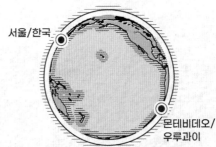

서울/한국

몬테비데오/ 우루과이

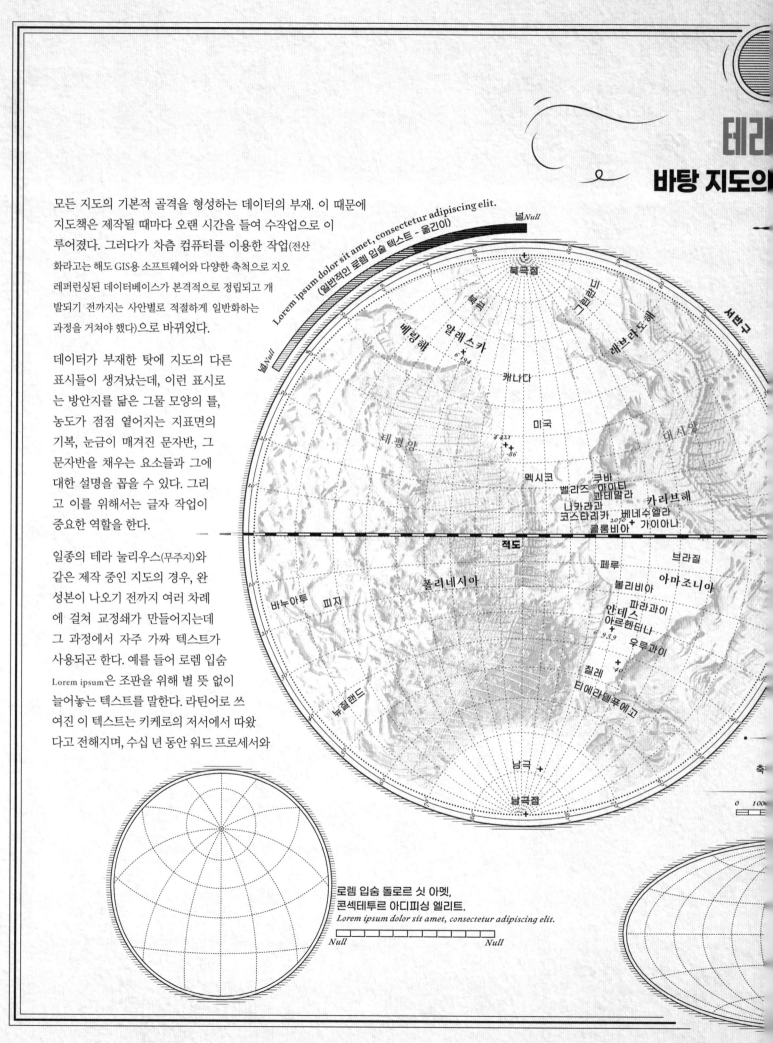

모든 지도의 기본적 골격을 형성하는 데이터의 부재. 이 때문에 지도책은 제작될 때마다 오랜 시간을 들여 수작업으로 이루어졌다. 그러다가 차츰 컴퓨터를 이용한 작업(전산화라고는 해도 GIS용 소프트웨어와 다양한 축척으로 지오레퍼런싱된 데이터베이스가 본격적으로 정립되고 개발되기 전까지는 사안별로 적절하게 일반화하는 과정을 거쳐야 했다)으로 바뀌었다.

데이터가 부재한 탓에 지도의 다른 표시들이 생겨났는데, 이런 표시로는 방안지를 닮은 그물 모양의 틀, 농도가 점점 옅어지는 지표면의 기복, 눈금이 매겨진 문자반, 그 문자반을 채우는 요소들과 그에 대한 설명을 꼽을 수 있다. 그리고 이를 위해서는 글자 작업이 중요한 역할을 한다.

일종의 테라 눌리우스(무주지)와 같은 제작 중인 지도의 경우, 완성본이 나오기 전까지 여러 차례에 걸쳐 교정쇄가 만들어지는데 그 과정에서 자주 가짜 텍스트가 사용되곤 한다. 예를 들어 로렘 입숨 Lorem ipsum은 조판을 위해 별 뜻 없이 늘어놓는 텍스트를 말한다. 라틴어로 쓰여진 이 텍스트는 키케로의 저서에서 따왔다고 전해지며, 수십 년 동안 워드 프로세서와

로렘 입숨 돌로르 싯 아멧,
콘섹테투르 아디피싱 엘리트.
Lorem ipsum dolor sit amet, consectetur adipiscing elit.

Null   *Null*

벡터 그래픽을 위한 도구들에서 텍스트를 위해 마련된 자리를 채우기 위해, 진짜 텍스트가 놓이기 전까지 자동으로 사용되어 왔다.

그런데 2009년부터는 데이터베이스 '내추럴 어스 데이터 Natural Earth Data'가 지도 제작자들, 그중에서도 특히 출판업계와 언론계에서는 반드시 고려해야 하는 기준으로 군림하고 있다. 공공 영역에서 무료로 사용할 수 있는 이 데이터베이스는 세계를 세 개의 축척으로 표현한다. 지역 수준에서 상세하게 보여줄 경우는 1000만 분의 1(1센티미터=100킬로미터), 국가 또는 대륙 수준에서는 5000만 분의 1, 그리고 지구 수준에서는 1억 1000만 분의 1 축척이 사용된다. 이른바 문화적 표시일 경우, 인문적 요소(국경·도시 지역·교통망 등)를 제안하는가 하면 자연적 요소(물길, 해안선, 빙하 등)를 중점적으로 표시하는 경우도 있다. 이러한 일은 《워싱턴포스트》에서 일간지를 만드느라 짧은 시간 안에 작업하는 데 익숙한 지도 제작자 너새니얼 켈소Nathaniel Kelso와 미국 국립공원의 수석 지도 제작자 톰 패터슨Tom Patterson이 이끄는 북아메리카지도협회에 소속된 자원봉사자들의 협력형 작업 덕분에 가능해졌다.

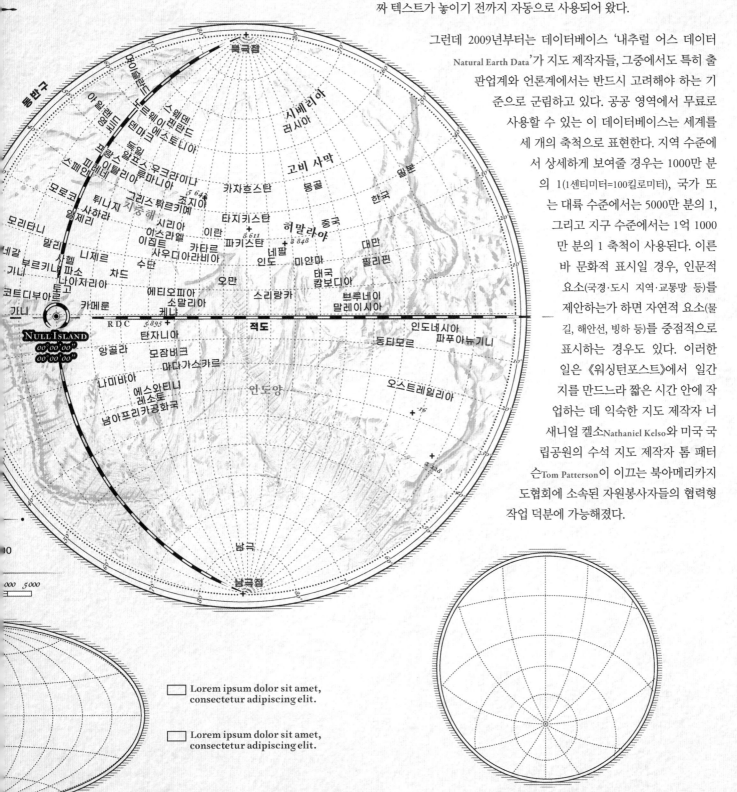

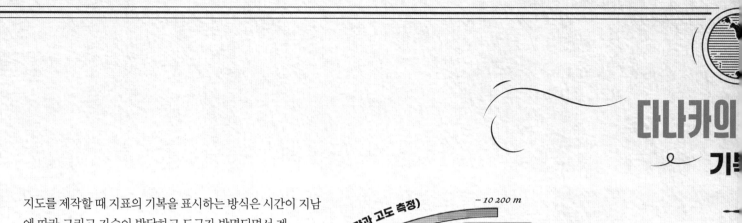

지도를 제작할 때 지표의 기복을 표시하는 방식은 시간이 지남에 따라 그리고 기술이 발달하고 도구가 발명되면서 계속 진화해 왔다. 작은 구릉 형상으로 표시한 구상적 기복 혹은 가는 선이나 고도 측정값에 따라 달리 칠한 색 또는 그림자(색상의 옅어짐)로 음영을 표시한 산맥 등이 지표 기복 방식으로 표현한 것이다.

1950년, 일본의 다나카 기치로Tanaka Kitiro 교수는 1870년대 개발된 기술에서 영감을 받아 윤곽선으로 표시하는 정사영 기법이라 불리는 그만의 독특한 기복 표현 방식을 개발했다. 이는 높이를 나타내는 곡선에서 출발해서 이중의 음영을 사용하여 높은 층의 수평부를 더 올림으로써 지형을 암시한다. 예를 들어 빛이 들어오는 북서쪽을 환하게, 남동쪽은 어둡게 표시하는 가짜 3D로 높낮이가 차이 나는 느낌을 주는 것이다.

여기서는 지도 제작자의 눈으로 한국과 일본을 살펴보자.

스위스 출신의 지도학자 에두아르트 임호프(1895~1986)는 다나카 기치로에 이어 지표의 기복을 표현하는 혁신적인 기술을 고안한 중요 인물이다. 그는 1927년부터 1976년까지 거의 반세기 동안 줄곧 스위스 중등교육에 사용되는

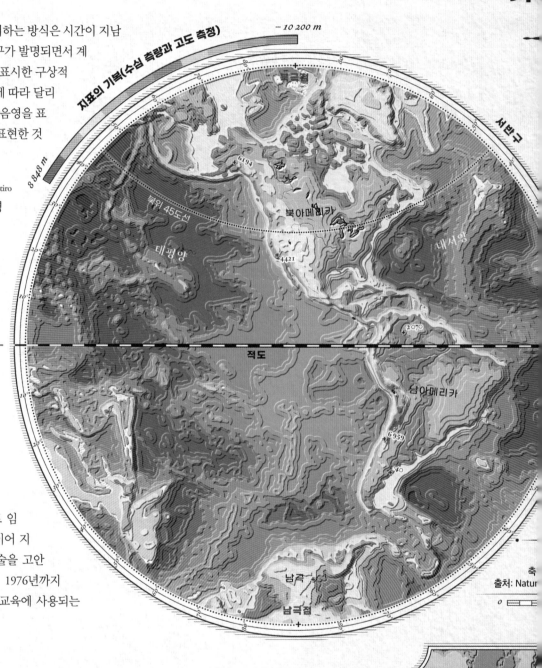

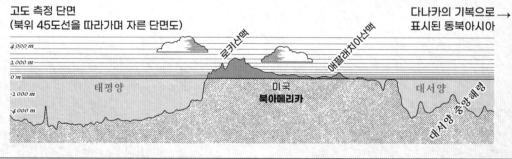

고도 측정 단면
(북위 45도선을 따라가며 자른 단면도)

4 000 m
2 000 m
0 m
-2 000 m
-4 000 m

태평양

로키산맥

미국
북아메리카

애팔래치아산맥

대서양

대서양 중앙해령

다나카의 기복으로 →
표시된 동북아시아

중국

북한

한국

모든 지도책의 제작과 편집을 책임 감수했다. 또한 그는 140명의 전문가가 제작한 500장의 지도를 토대로 스위스 지도의 성서라고 일컬어지는 『스위스 지도책Atlas de la Suisse』의 편찬을 지휘하기도 했다.

취리히공과대학교 지도학 교수였던 그가 학교 교과과정용 지도와 『스위스 지도책』을 제작하여 음영과 색의 옅어짐을 통해 지표의 기복을 표현한 작업은 오늘날까지도 지도 제작자들에게 많은 영감을 주고 있다. 특히 그가 산악 지형을 표현하기 위해 사용한 매우 독특한 방식을 가리켜 '스위스 스타일'이라는 말까지 생겨날 정도였다.

공중 관점perspective aérienne(또는 대기 관점이라고도 부른다)에서 고도에 따라 색조를 달리하는 임호프 방식은 정상적인 눈에 비친 풍경의 색상은 풍경이 가까울수록 멀 때에 비해서 선명하다는 경험에 토대를 두고 있다. 하늘에서 볼 때 낮은 고도 지역은 회청색으로, 낮은 구릉과 중고도 산맥은 청록색으로 보이는 반면 높은 산악지대는 노란색에서 아주 밝은 노란색으로 채색된 것처럼 보인다.

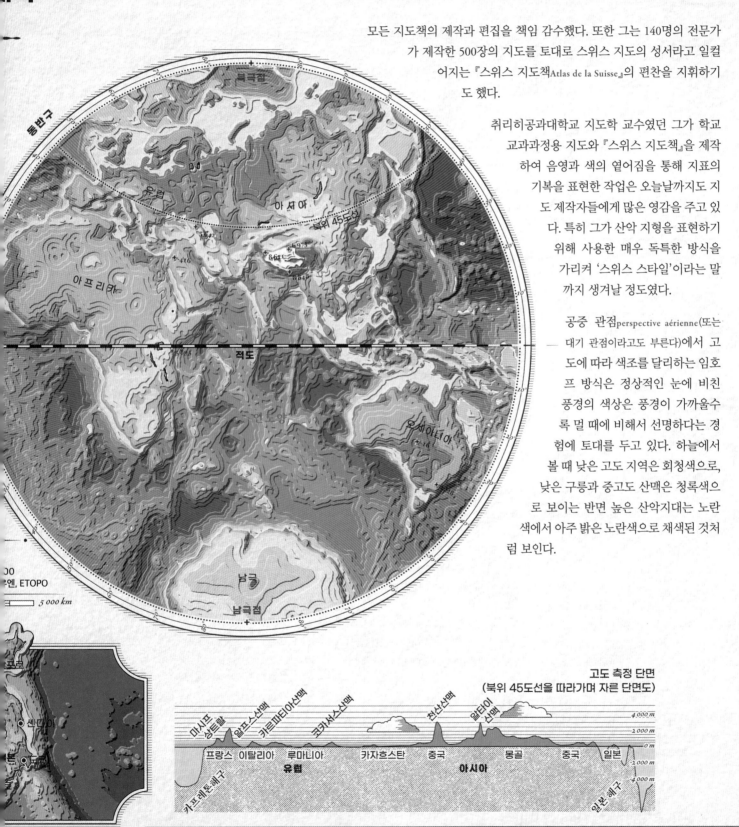

스위스

에두아르트 임호프 방식으로 그린 지방 지지

축척 1/2,500,000

고도측정, 수심측량, 색의 짙고 옅음.

-2 000 m   0   4 808 m

정치지리
— ·— 국가 경계
.... 지방 경계

자연지리
빙하
+ 꼭대기 지점

인문지리
도시인구 밀집 지역   간선도로
도시 지역

정거원추도법
출처: GTOPO, Natural Earth Data

그리니치 동경8도

독 일
프 랑 스
오 스 트 리 아
이 탈 리 아

만하임
하이델베르크
카를스루에
퓌르트
뉘른베르크
잉골슈타트
라슈타트
포르츠하임
알렌
슈베비슈 그뮌트
가게나우
바덴바덴
뵈블링엔
하이텐하임 안 데르 브렌츠
실티가임
슈트트가르트
알자스
슈트라스부르
오베르네
울름
아우크스부르크
생디에데보쥬
라
셀레스타
발링엔
로트바일
바이에른
에피날
콜마르
빌링엔
뢰틀링겐
바드 뒤르크하임
라우프하임
일러티센
르그랑발롱
1424 m
프라이부르크
메밍겐
뮌헨
발롱 달자스
1247 m
그비비에
바이에른 산록지대
라벤스부르크
브줄
벨포르
뮐루즈
바이에른 알프스
바젤
리스탈
샤프하우젠
콘스탄츠 호수
켐프텐
장크트갈렌
브레겐츠
존토펜
인스부르크
보장송
뇌샤텔
바이엔슈타인
솔로투른
바덴
베팅엔
아라우
빈터투어
프라텐펠트
헤리자우
아펜젤
티롤
스위스 쥐라
반
주
취리히
리히텐슈타인
돌
로샤롱
뇌샤텔 호
스위스 고원
루체른
슈비츠
글라리스
바두츠
프랑슈 콩테
퐁타를리에
프리부르
틴
필라투스 산
2120 m
슈탄스
쿠어
다보스
몽도르
1679 m
베른
베른 알프스
자르넨
알트도르프
그리종
볼차노
프랑스 쥐라
몽땅드르
1679 m
로잔
보 주
핀스타아어호른
4274 m
생고타르 고개
2112 m
피츠메델
3211 m
라에티안 알프스
크레믈라네주
1720 m
레만 호수
레다아블레
3209 m
몬테바조디노
274m
베르니나산맥
오요나
제네바
당뒤미디
3257 m
시옹
심플론 고개
2005 m
티
치
노
알
프
스
아다멜로 알프스
베르가마스크 알프스
볼차노
안시
발레
바이스호른
4505 m
루가노
벨린초나
로카르노
코모 호수
트렌토
사부아 알프스
고정생베르나르
2469 m
동세르봉
4478 m
볼로즈
4634 m
마조레 호수
바레세
코모
베로나
샹베리
알베르빌
아오스타
마초레
노바라
밀라노
베르가모
그레이앤 알프스
발레다오스타
베르첼리
롬바르디아주
가르다 호수
몽블랑
4808 m
피에몬테주
롬 바르 디 아 평원
크레모나
그랑드 카스
3855 m
그르노블
토리노
아스티
레제크랭
4101 m
볼차노
코리안 알프스
알레산드리아
파르마
에밀리아 로마냐주
모데나
도피네 알프스
이제로도
갑
몬테비소
3841 m
쿠네오
리구리아
볼로냐
알프마리팀
알프스 리구리아
제노아
아펜니노 리구리아
시종 리비에라
동풍 리비에라
제노아만
니스

0 25 50 75 100 km

일본

다나카 기치로 방식으로 그린 지방 지지

그리니치 동쪽   126°E   128°   130°   132°   134°   136°

46°N

쑹위안
하얼빈
샹즈
치타이허
달네레첸스크
사할린섬
(러시아)
라페루즈(소야) 해협

지린
창춘
시핑
무단장
피파딩즈(琵琶頂子) 산
1397 m
자시
러 시 아
달네고르스크
시호테알린 산맥
오호츠크해
시레토코
반도
쿠릴제도

중 국
류허
동화
만포
벽동
백두산
1744 m
무산
센린산(森林山)
1498 m
우수리스크
아르세네프
카베일로보
아사히카와
아사히다케 산
2290 m
키타미
(러시아가 관리)

헤산
함경산맥
강남산맥
블라디보스톡
나호카
오타루
홋카이도
곤센 대지
쿠시로

42°

북 한
청진
피에르대제만
사포로
무로란
히다카 산맥

평양
원산
동해만
하코다테
우치우라만

남포
사리원
동해
쓰가루 해협
아오모리
시모키타반도

해주
개성
설악산
1708 m
히로사키
하치노헤

속초
태백산맥
강릉
이와테 산
2038 m

서울
인천
아키타
소카타
오 우 산 맥

한 국
황해
사도섬
니이가타
센다이

전주
대구
울산
오키 제도
노토반도
후쿠시마

소백산맥
지리산
1915 m
토야마만
이와키

목포
부산
에치고산맥
우츠노미야
미토

여수
대한해협
마쓰에
토토리
가나자와
타테 산
3015 m
도쿄
Kawagoe

제주시
제주도
츄고쿠반도
히로시마
와카야마
교토
오사카
고베
혼슈
일 본
나고야
후지 산
3776 m
간토 평야
가와사키
요코하마

시모노세키
기타큐슈
마츠야마
다카마쓰
오카야마
쓰
시즈오카

사세보
후쿠오카
이시주치 산
1982 m
시코쿠
하마마쓰

나가사키
오이타
고치
기이 반도
이세 만

운젠 산
1500 m
구마모토
쿠주 산
1788 m
토사만
9046 m

규슈
미야자키
사가미만

동 중 국 해
가고시마
노
사쿠라지마 산
1117 m

오스미 해협
5400 m

오스미 제도
3736 m
태평양

다카라 제도
정거원추도법
출처: GTOPO, Natural Earth Data

후지산
요하나 산
498 m

류 큐 제도
요하나 산

고도 측정과 수심 측량

3 776 m
후지산

-9 046 m
일본 해구

동 해
3206 m
-7 200 m

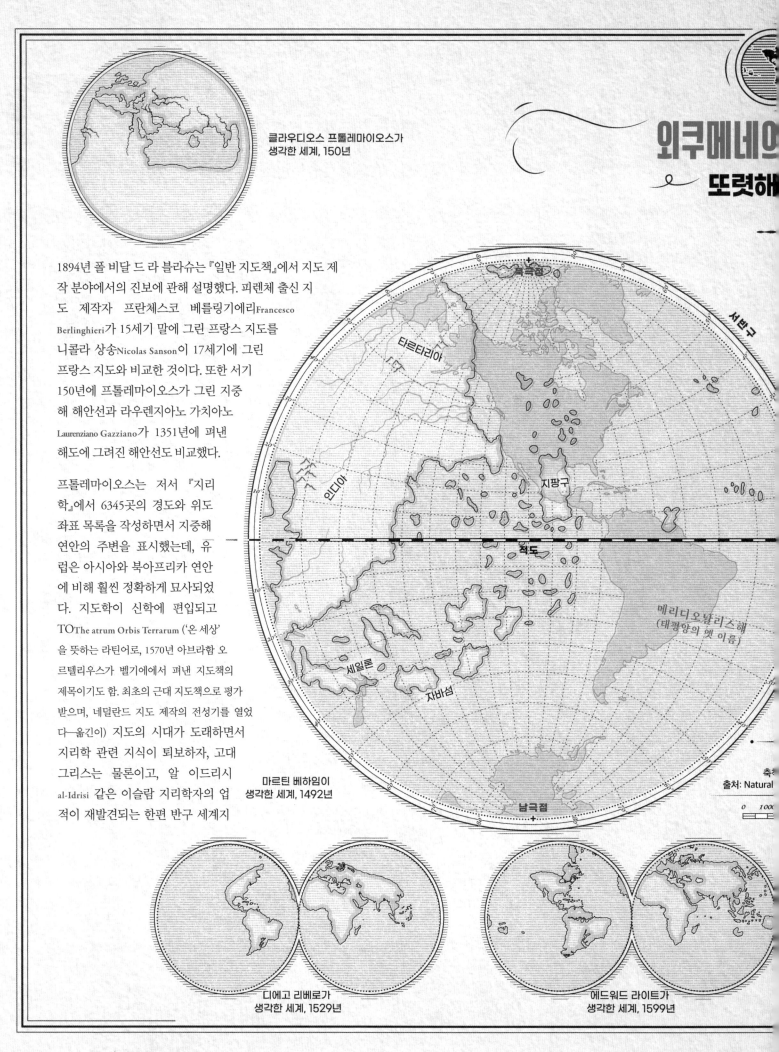

클라우디오스 프톨레마이오스가
생각한 세계, 150년

서반구

1894년 폴 비달 드 라 블라슈는 『일반 지도책』에서 지도 제
작 분야에서의 진보에 관해 설명했다. 피렌체 출신 지
도 제작자 프란체스코 베를링기에리Francesco
Berlinghieri가 15세기 말에 그린 프랑스 지도를
니콜라 상송Nicolas Sanson이 17세기에 그린
프랑스 지도와 비교한 것이다. 또한 서기
150년에 프톨레마이오스가 그린 지중
해 해안선과 라우렌지아노 가치아노
Laurenziano Gazziano가 1351년에 펴낸
해도에 그려진 해안선도 비교했다.

프톨레마이오스는 저서 『지리
학』에서 6345곳의 경도와 위도
좌표 목록을 작성하면서 지중해
연안의 주변을 표시했는데, 유
럽은 아시아와 북아프리카 연안
에 비해 훨씬 정확하게 묘사되었
다. 지도학이 신학에 편입되고
TOThe atrum Orbis Terrarum ('온 세상'
을 뜻하는 라틴어로, 1570년 아브라함 오
르텔리우스가 벨기에서 펴낸 지도책의
제목이기도 함. 최초의 근대 지도책으로 평가
받으며, 네덜란드 지도 제작의 전성기를 열었
다—옮긴이) 지도의 시대가 도래하면서
지리학 관련 지식이 퇴보하자, 고대
그리스는 물론이고, 알 이드리시
al-Idrisi 같은 이슬람 지리학자의 업
적이 재발견되는 한편 반구 세계지

북극점

타르타리아

인디아

지팡구

적도

메리디오날리스해
(태평양의 옛 이름)

세일론

자바섬

축척
출처: Natural

0   1000

마르틴 베하임이
생각한 세계, 1492년

남극점

디에고 리베로가
생각한 세계, 1529년

에드워드 라이트가
생각한 세계, 1599년

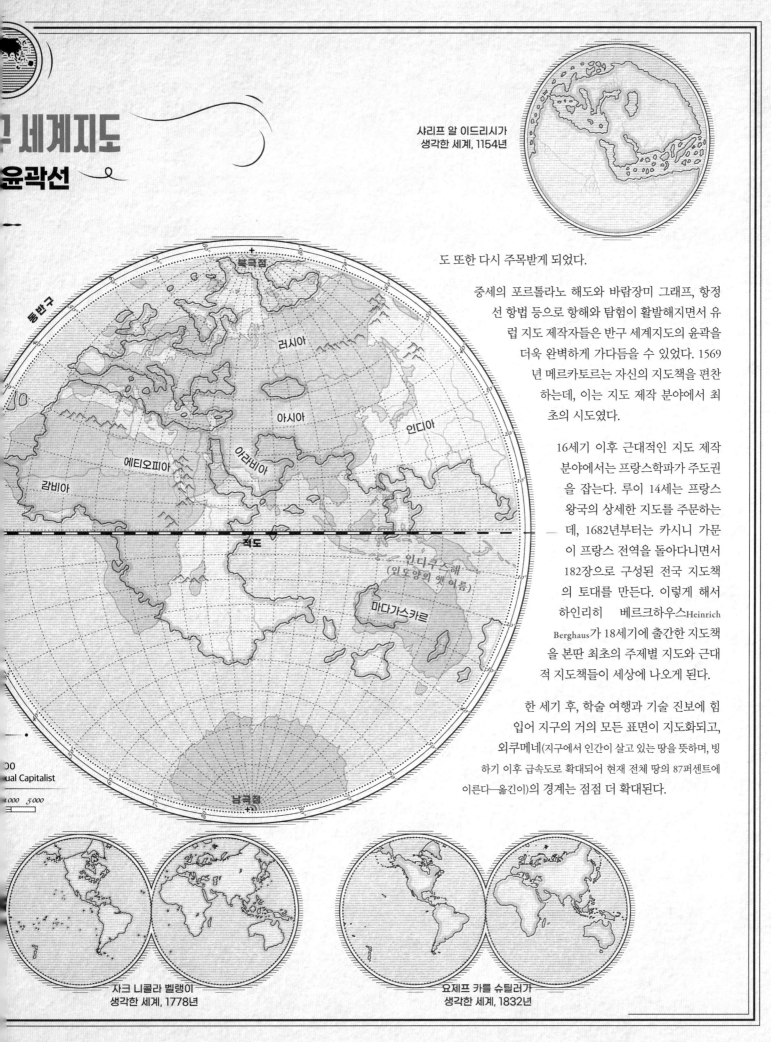

샤리프 알 이드리시가
생각한 세계, 1154년

동반구

북극점

러시아

아시아

인디아

에티오피아

아라비아

람비아

적도

인디쿠스해
(외도양의 옛 이름)

마다가스카르

남극점

00

ual Capitalist

000   5 000

도 또한 다시 주목받게 되었다.

중세의 포르톨라노 해도와 바람장미 그래프, 항정
선 항법 등으로 항해와 탐험이 활발해지면서 유
럽 지도 제작자들은 반구 세계지도의 윤곽을
더욱 완벽하게 가다듬을 수 있었다. 1569
년 메르카토르는 자신의 지도책을 편찬
하는데, 이는 지도 제작 분야에서 최
초의 시도였다.

16세기 이후 근대적인 지도 제작
분야에서는 프랑스학파가 주도권
을 잡는다. 루이 14세는 프랑스
왕국의 상세한 지도를 주문하는
데, 1682년부터는 카시니 가문
이 프랑스 전역을 돌아다니면서
182장으로 구성된 전국 지도책
의 토대를 만든다. 이렇게 해서
하인리히   베르크하우스Heinrich
Berghaus가 18세기에 출간한 지도책
을 본딴 최초의 주제별 지도와 근대
적 지도책들이 세상에 나오게 된다.

한 세기 후, 학술 여행과 기술 진보에 힘
입어 지구의 거의 모든 표면이 지도화되고,
외쿠메네(지구에서 인간이 살고 있는 땅을 뜻하며, 빙
하기 이후 급속도로 확대되어 현재 전체 땅의 87퍼센트에
이른다—옮긴이)의 경계는 점점 더 확대된다.

자크 니콜라 벨랭이
생각한 세계, 1778년

요제프 카를 슈틸러가
생각한 세계, 1832년

감사의 글

바스크산맥 정상에 오르는 야간 트래킹 짬짬이 이 책을 열어 보실 나의 아버지와 자전거 여행을 마치고 돌아와 다시금 땅에 발을 딛게 되면 이 책을 보게 될 마틸드 코스틸에게 감사합니다.

이번 책의 출간을 위한 도전은 일간지 《르몽드》에 실릴 지도 그래픽 작업을 마치고 퇴근한 뒤 맞이하는 저녁 시간마다 조금씩 싹이 텄습니다.
함께 일하는 동료와의 토론이 나에게 영감을 주고, 자양분을 공급해 준 덕분입니다.

도전 기간 동안 카페인을 지원해 준 지도학의 대가 리카르도 프라베토니와 지도광 빅토르 시모네,
그리고 지칠 줄 모르는 플로리안 피카르에게 감사합니다.
'환경 지도'라면 나와 마찬가지로 만사 제치고 달려드는 실비 지튀스, 시각 디자인적·미적 측면에서 예리한 시선을 보태준 오드리 라가덱, 빅토리아 데니스, 델핀 파팽에게도 감사의 말을 전합니다.
원고를 여러 번 읽으며 꼼꼼하고 빈틈없이 살펴준 프란체스카 파토리의 도움도 꼭 필요했습니다.
특히 프란체스카 파토리와 델핀 파팽은 각 장마다 도입 글을 집필해서 이 책을 한층 더 아름답게 만들어주었습니다.
마지막으로 '지도 그리기'라는 노역 사이사이에 마음을 터놓고 웃을 수 있게

해준 아말 아우카, 아난디 발라다, 델핀 르클레르크에게 감사의 뜻을 전합니다. 정말이지 나에게 꼭 필요한 일이었습니다.

세마르탱 라보르드

감수의 글

『세상을 한눈에 보는 지도책』의 원고를 건네받았을 때, 제목이 지나치게 과장된 것은 아닌지 조금 의아했다. 물론 지도는 세계 전체를 인식하려는 당대의 욕망을 안고 탄생했다. 지구가 둥글다는 것을 최초로 인식하고 세계를 종이 위에 담아내려 했던 고대 그리스 철학자들의 꿈은 특히 프랑스에서 근대 지도학의 발달로 꽃을 피우게 된다. 자부심 때문일까, 프랑스의 지도 제작 전문가들이 모여 만든 이 책은 마르틴 베하임이 제작한 최초의 지구본부터 구글맵에 이르기까지 지도학 발전의 역사를 충실히 조명한다. 조금은 전문적인 내용이다 보니 독자들에게 어렵게 느껴질 수도 있다. 각 지도에 첨부된 투영법에 대한 설명도 낯설 것이다.

하지만 지구와 인류 문명의 변천을 본격적으로 살펴보는 장에서 이 책의 반전이 시작된다. 숲이나 빙하의 잔존 현황을 보여주는 지도, 해류의 방향과 바람의 움직임을 짚어보는 지도 등 놀라운 지도들은 단박에 흥미를 끈다. 무엇보다 눈길을 끌었던 지도는 재편되는 와이너리 풍경을 보여주는 지도다. 지구온난화가 진행되면서 프랑스의 보르도와 이탈리아 토스카나에서 생산되는 와인에 작별을 고해야 할 시간이 다가오고 있다. 오스트레일리아와 칠레, 미국 캘리포니아산 와인도 보기 힘들어질 예정이다. 포도 재배에 적합한 지역이 바뀌면서 우리는 머지않아 영국이나 중국 중부에서 생산된 와인을 마시게 될 것이다. 이들은 기후 변화와 환경오염 등 인류세의 첨예한 문제들의 심각성을 입체적으로 펼쳐 보여주는 한편으로 그 자체로 훌륭한 지구과학 교과서다.

그뿐만 아니라 세계 각국의 여성 불평등 정도나 언론 자유도를 시각화한 지도, 전쟁으로 인한 실향민의 이동 경로와 사망자 수를 나타낸 지도 등의 인문적 지도는 그 어떤 말보다 강력하게 인류 문명의 현주소를 보여준다. 달과 태양계를 표현한 반구 지도들 역시 빼놓을 수 없는 이 책만의 매력이다. 이렇듯 지구가 얼마나 변해왔고, 오늘날의 세계가 어디로 가고 있는지를 시각적으로 보여주는 저자의 전략은 대단히 영리하다. 21세기의 인류가 맞닥뜨릴 여러 가지 문제가 두 개의 반구 지도 위에서 '한눈에' 여실히 드러난다. 이 책은 오늘날의 세계를 정확하고 직관적으로 이해하도록 돕고, 나아가 핵심을 짚어주는 글을 곁들여 앞으로 나아갈 길에 관한 거시적이고 종합적인 인식을 갖게 해준다. 제목에 대한 의아함이 말끔히 없어질 정도로, 과연 '세상을 한눈에 보는 지도책'이라는 제목에 걸맞은 풍부한 내용을 담고 있다.

이 책의 저자들은 저명한 지도 제작자이자 프랑스의 유명 일간지《르몽드》의 저널리스트다. 네덜란드에 이어 지도학의 발전을 선도했던 프랑스의 지도 제작 전통은《르몽드》라는 언론사를 통해 이어졌다. 유럽이나 미국의 수많은 언론사가 독자에게 정보를 전달할 때 지도와 그래픽을 통해 최대한 정확하고 객관적으로 전달하려고 노력하는 데 반해 국내 언론사는 상대적으로 지도의 중요성을 덜 인식하고 있는 것은 아닌지 생각해 보게 되었다. 우리나라에서도 데이터의 시각화나 지도 제작에 좀 더 많은 관심을 두었으면 하는 바람이다.

책이 무척 아름답다. 심미적으로 소장 가치가 충분할 뿐만 아니라 내용 또한 알차다. 단연코 이 책은 책장을 채우는 장식품을 넘어, 변화하는 세계를 알고 싶은 사람이라면 책등이 해질 때까지 수시로 펼쳐볼 책이 되리라 확신한다.

박경

참고문헌

잡지 및 기타 간행물

Delphine Papin et Bruno Tertrais, *L'Atlas des frontières*, Les Arènes, 2021

Delphine Papin, *Atlas géopolitique de la Russie*, Les Arènes, 2022

Mike Higgins, *L'Atlas insolite de la Terre*, Armand Colin, 2023

James Cheshire et Oliver Uberti, *Atlas de l'invisible*, Autrement, 2022

James Cheshire et Oliver Uberti, *Atlas de la vie sauvage*, Les Arènes, 2017

Christian Grataloup, *Atlas historique de la Terre*, Les Arènes, 2022

Christian Grataloup, *Atlas historique mondial*, Les Arènes, 2019

Migreurop, *Atlas des migrants dans le monde*, Armand Colin, 2022

Judith Schalansky, *Atlas des îles abandonnées*, Arthaud, 2009

Didier Ortolland, *Atlas géopolitique des océans*, Technip, 2017

Paul Vidal de Lablache, *Atlas général*, Armand Colin, 1894

Arjen Van Susteren, *Metropolitan World Atlas*, 010 Publishers, 2004

François-Marie Bréon et Gilles Luneau, *Atlas du climat*, Autrement, 2021

Joël Boulier et Laurent Simon, *Atlas des forêts dans le monde*, Autrement, 2022

Richard Edes Harrison, *Look at the world*, Alfred A. Knopf, 1944

Concise atlas of the world, National Geographic, 2022

Emilie Aubry et Frank Tétart, *Le Dessous des cartes*, Tallandier, 2023

Emanuele Bompan, *Atlante geopolitico dell'Acqua*, Hoepli, 2019

Nick Middleton, *Atlas des pays qui n'existent pas*, Arthaud, 2016

Atlas Maior, *Taschen*, Joan Blaeu, 2010

Nicolas Lambert et Christine Zanin, *MadMaps*, Armand Colin, 2019

잡지 및 기타 간행물

Revue et atlas annuels du magazine *Carto*

Atlas et cartes du *Monde diplomatique*

Le mensuel *National Geographic*

Page géopolitique du journal *Le Monde*

Atlas *La Vie – Le Monde*

Revue trimestrielle *Mappemonde*

Revue trimestrielle *Hérodote*

Les cartes en mouvement, France Culture

Le Dessous des cartes, Arte

Les collections d'atlas de chez Autrement et des Arènes

온라인 지도 제작 소스, 지리 참조 데이터

Cartothèque historique de David Rumsey : *www.davidrumsey.com*

Natural Earth Data : *www.naturalearthdata.com*

Ressources de Tom Patterson : *www.shadedrelief.com*

Ressources de Daniel Huffman : *www.projectlinework.org*

Vector Map : *gis-lab.info/qa/vmapo-eng.html*

ESRI First Level World Administrative Boundaries

Communauté OpenStreetMap : *www.openstreetmap.org*

Modèles numériques de terrain : ETOPO ; GTOPO ; SRTM ; GEBCO

Fonds marins et bathymétriques : Mary Throp et Heinrich C. Berann

Shaded Relief Archive : *www.shadedreliefarchive.com*

Occupation du sol : Agence spatiale européenne ; Copernicus ; USGS ; NOAA ; NASA

Atlas of the end of the world : *atlas-for-the-end-of-the-world.com/world_maps_main.html*

Floodmap : *www.floodmap.net*

Acled : *acleddata.com*

Institute of the study of war : *www.understandingwar.org*

Liveuamap : *liveuamap.com*

Zoï Environment Network : *zoinet.org*

지도 제작 및 일러스트레이션 도구

Design : Adobe Illustrator et Adobe Photoshop

Cartographie : QGIS ; MAPublisher ; ESRI ArcGIS ; Eduard ; NASA G-Projector ; Mapshaper ; Google MyMaps

Base de données : PureRef ; Notion

저자 소개

세마르탱 라보르드 Xemartin Laborde

《르몽드》기자이자 지도 제작 전문가이다. 『국경 지도책L'Atlas des frontières』『위대한 탐험가들의 지도책Atlas des grands explorateurs』 등 많은 지도책을 집필했다. 국내에 출간된 책으로는 『러시아 지정학 아틀라스』가 있다. 2020년, 인포그래픽 분야의 퓰리처상으로 불리는 '말로피에 국제 인포그래픽스 어워드Malofiej International Infographics Awards'에서 수상했다.

델핀 파팽 Delphine Papin

파리8대학 소속 프랑스지정학학교IFS에서 박사학위를 받았으며, 2016년부터 《르몽드》의 인포그래픽 부서에서 책임자로 일하고 있다. 지정학 전문지인 《에로도트Herodote》 편집위원으로도 활동하고 있다. 『영국 지정학 아틀라스Atlas géo-politique du Royaume-Uni』『국경 지도책』 등 많은 지도책을 집필했다. 국내에 출간된 책으로는 『러시아 지정학 아틀라스』『병든 민주주의, 미국은 왜 위태로운가』가 있다.

프란체스카 파토리 Francesca Fattori

《르몽드》기자이자 지도 제작 전문가이다. 수년간 프랑스 TV 프로그램 〈Le Dessous des cartes〉 제작에 참여했고, 『국경 지도책』 등 많은 지도책을 집필했다. 국내에 출간된 책으로는 『러시아 지정학 아틀라스』가 있다. 2020년 말로피에 국제 인포그래픽스 어워드에서 수상했다.

Océan
Atlantique

Landes
de Gascogne

Nouvelle-
Aquitaine

Saint-Sébastien

Saint-Jean-de-Luz

Bayonne

Dax

Orthez

Bilbao

Guernica

Lekeitio

Deba

Zarautz

Hendaye

Biarritz

Hasparren

FRANCE

Biscaye

Guipuzcoa

Pays-basque
espagnol

Pays-basque
français

Mauléon

Pau

ESPAGNE

Alava

Saint-Jean
Pied-de-Port

Oloron

Tarbes

Castille-
et-León

Roncevaux

Béarn

Bigorre

Estella

Pampelune

Navarre

PYRÉNÉES

Imprimé
ici

Logroño

Tafalla

Aragon

Méridien de Greenwich

Rioja

Tudela

263709 - (I) - OSB 150° - MWG - API
Dépôt légal : novembre 2023
Imprimé en Espagne par Graphicas Estella

옮긴이 양영란

서울대학교 불어불문학과를 졸업하고, 프랑스 파리3대학에서 불문학 박사 과정을 수료했다. 《코리아 헤럴드》 기자와 《시사저널》 파리 통신원을 지냈다. 옮긴 책으로 『안젤리크』 『센 강의 이름 모를 여인』 『아가씨와 밤』 『꾸뻬 씨의 핑크색 안경』 『왜 세계의 가난은 사라지지 않는가』 『탐욕의 시대』 『잠수종과 나비』 『그리스인 이야기』 등이 있으며, 김훈의 『칼의 노래』를 프랑스어로 옮겨 갈리마르에서 출간했다.

감수자 박경

서울대학교 지리학과와 같은 대학 대학원 지리학과를 졸업하고 미국 캔자스대학교에서 지형학 박사 학위를 받았다. 현재 국가지질공원위원회 위원으로 지구 환경을 지키는 활동을 하고 있으며, 성신여자대학교 지리학과 교수로 재직하고 있다. 감수한 책으로는 『지도는 보는 게 아니야, 읽는 거지』 『손에 잡히는 사회교과서: 지형과 생활』 등이 있다.

세상을 한눈에 보는 지도책

초판 1쇄 인쇄 2024년 1월 10일
초판 1쇄 발행 2024년 1월 31일

지은이 세마르탱 라보르드, 델핀 파팽, 프란체스카 파토리
옮긴이 양영란
감수자 박경
펴낸이 김선식

부사장 김은영
콘텐츠사업2본부장 박현미
책임마케터 권오권
콘텐츠사업9팀장 차혜린 **콘텐츠사업9팀** 최유진, 노현지
마케팅1팀 박태준, 권오권, 오서영, 문서희
미디어홍보본부장 정명찬
브랜드홍보팀 오수미, 서가을, 김은지, 이소영, 박장미, 박주현
채널홍보팀 김민정, 정세림, 고나연, 변승주, 홍수경
영상홍보팀 이수인, 염아라, 석찬미, 김혜원, 이지연
편집관리팀 조세현, 김호주, 백설희 **저작권팀** 성민경, 이슬, 윤제희
재무관리팀 하미선, 임혜정, 이슬기, 김주영, 오지수
인사총무팀 강미숙, 이정환, 김혜진, 황종원
제작관리팀 이소현, 김소영, 김진경, 최완규, 이지우
물류관리팀 김형기, 김선진, 주정훈, 양문현, 채원석, 박재연, 이준희, 이민운
외부스태프 표지 디자인 studio forb 내지 디자인 이재원

펴낸곳 다산북스 **출판등록** 2005년 12월 23일 제313-2005-00277호
주소 경기도 파주시 회동길 490 다산북스 파주사옥
전화 02-704-1724 **팩스** 02-703-2219 **이메일** dasanbooks@dasanbooks.com
홈페이지 www.dasan.group **블로그** blog.naver.com/dasan_books
종이 스마일몬스터피앤엠 **인쇄 · 제본** 상지사피앤비 **코팅 · 후가공** 제이오엘앤피

ISBN 979-11-306-6081-3(03300)

• 책값은 뒤표지에 있습니다.
• 파본은 구입하신 서점에서 교환해드립니다.
• 이 책은 저작권법에 의하여 보호를 받는 저작물이므로 무단 전재와 복제를 금합니다.

다산북스(DASANBOOKS)는 독자 여러분의 책에 관한 아이디어와 원고 투고를 기쁜 마음으로 기다리고 있습니다. 책 출간을 원하는 아이디어가 있으신 분은 다산북스 홈페이지 '원고투고'란으로 간단한 개요와 취지, 연락처 등을 보내주세요. 머뭇거리지 말고 문을 두드리세요.